江苏省高校哲学社会科学研究项目

社会资本对新型职业农民创业机会识别影响研究——基于资源获取的中介效应（2017SJB2230）

要素流动视角下苏州实施乡村振兴战略案例分析（2018jjxm009）

苏·区·振·兴·智·库

乡村振兴理论指导下的赣南苏区的实践与探索

张明林　周荣华　钱　颖○著

PRACTICE AND EXPLORATION OF
JIANGXI SOVIET AREA UNDER THE GUIDANCE OF
RURAL REVITALIZATION THEORY

经济管理出版社
ECONOMY & MANAGEMENT PUBLISHING HOUSE

图书在版编目（CIP）数据

乡村振兴理论指导下的赣南苏区的实践与探索/张明林，周荣华，钱颖著 .—北京：经济管理出版社，2018.11

ISBN 978-7-5096-6110-9

Ⅰ.①乡⋯　Ⅱ.①张⋯ ②周⋯ ③钱⋯　Ⅲ.①农村—社会主义建设—研究—赣南地区　Ⅳ.①F327.56

中国版本图书馆 CIP 数据核字（2018）第 241963 号

组稿编辑：丁慧敏
责任编辑：丁慧敏　乔倩颖
责任印制：司东翔
责任校对：董杉珊

出版发行：经济管理出版社
（北京市海淀区北蜂窝 8 号中雅大厦 A 座 11 层　100038）
网　　址：www.E-mp.com.cn
电　　话：（010）51915602
印　　刷：北京玺诚印务有限公司
经　　销：新华书店
开　　本：720mm×1000mm/16
印　　张：13.5
字　　数：212 千字
版　　次：2018 年 11 月第 1 版　2018 年 11 月第 1 次印刷
书　　号：ISBN 978-7-5096-6110-9
定　　价：58.00 元

·版权所有　翻印必究·
凡购本社图书，如有印装错误，由本社读者服务部负责调换。
联系地址：北京阜外月坛北小街 2 号
电话：（010）68022974　邮编：100836

目 录

理 论 篇

第一章　乡村振兴战略的背景、意义和认识误区 …… 3

　　第一节　实施乡村振兴战略的背景 …… 3
　　第二节　实施乡村振兴战略的重要意义 …… 5
　　第三节　实施乡村振兴战略的认识误区 …… 8
　　第四节　乡村振兴与农村振兴区别 …… 13

第二章　习近平"三农"思想与乡村振兴 …… 19

　　第一节　习近平"三农"思想及其形成 …… 19
　　第二节　习近平"三农"思想对乡村振兴的指导 …… 22

第三章　革命老区乡村振兴的紧迫性和艰巨性 …… 28

　　第一节　革命老区与赣南苏区 …… 28
　　第二节　赣南苏区小康发展进程与差距 …… 30
　　第三节　赣南苏区实施乡村振兴战略的艰巨性 …… 34

第四章　赣南苏区实施乡村振兴发展路径 …… 37

　　第一节　探索出一条壮大农村集体经济发展之路 …… 37

第二节　探索一条赣南现代农业发展之路 ································ 41

第三节　探索一条创业型新型职业农民培育之路 ···················· 44

第四节　探索一条赣南乡村文明发展之路 ································ 46

实　践　篇

第五章　赣南苏区乡村产业实践与探索 ··· 51

第一节　赣南苏区脐橙产业实践 ·· 51

第二节　赣南油茶产业振兴与实践 ·· 65

第三节　赣南乡村旅游改革与实践——以大余县为例 ············ 73

第四节　"信贷通"促进赣州农业产业振兴的实践 ················ 82

第五节　赣州市"互联网＋农业"创新与实践 ························ 88

第六章　赣南苏区生态振兴实践与探索 ··· 93

第一节　赣南县域生态扶贫试验区探索——以崇义县为例 ···· 93

第二节　赣南苏区生态扶贫实践模式 ·· 96

第三节　赣南生态补偿机制探索与实践 ···································· 99

第七章　赣南苏区乡村人才振兴实践与探索 ··································· 108

第一节　赣州市乡村人才振兴实践 ·· 108

第二节　赣州各县乡村人才振兴实践 ······································ 110

第三节　赣州新型职业农民创业实践 ······································ 114

第八章　赣南苏区乡村组织振兴实践与探索 ··································· 122

第一节　赣南乡村经济组织振兴发展与实践 ·························· 122

第二节　"党建＋"产业链型乡村振兴 ·································· 127

第三节　努力加强赣南农村"两委"建设 ······························ 130

第九章　赣南苏区乡村文化振兴与探索 …… 135

第一节　打造乡风文明"赣州样板" …… 135
第二节　赣州乡风文明建设的典型案例 …… 142
第三节　信丰县创建"合唱之乡" …… 144
第四节　以重构乡魂，促进赣南美丽乡村建设 …… 149
第五节　赣南乡村文化建设——以信丰县为例 …… 151
第六节　发挥乡村新力量，促进乡村文明建设 …… 153

案 例 篇

第十章　日本乡村振兴典型案例 …… 159

第一节　日本神山町的乡村振兴案例研究 …… 159
第二节　日本合掌村乡村振兴案例研究 …… 161

第十一章　浙江乡村振兴典型案例 …… 164

第一节　余村乡村振兴案例 …… 165
第二节　大竹园村乡村振兴案例研究 …… 170
第三节　蔓塘里村乡村振兴分析 …… 173
第四节　鲁家村乡村振兴案例研究 …… 175

第十二章　四川乡村振兴典型案例 …… 178

第一节　战旗村乡村振兴案例研究 …… 178
第二节　青杠树村乡村振兴案例研究 …… 181

第十三章　江苏乡村振兴典型案例 …… 185

第一节　永联村乡村振兴案例研究 …… 185
第二节　旺山村乡村振兴案例研究 …… 189
第三节　柳舍村乡村振兴案例研究 …… 193

乡村振兴理论指导下的赣南苏区的实践与探索

第十四章 国内其他地区乡村振兴典型案例 ·················· **196**

  第一节 宏村乡村振兴案例研究 ·································· 196

  第二节 白石屋村乡村振兴案例研究 ····························· 200

  第三节 台湾桃米村乡村振兴案例研究 ·························· 202

参考文献 ··· **205**

理论篇

第一章 乡村振兴战略的背景、意义和认识误区

第一节 实施乡村振兴战略的背景

一、工业化和城市化的背景

从人类文明史来看,乡村衰落是一个世界性的问题,是城市化和工业化驱动的必然结果。任何一个发达国家都经历过工业化和城市化发展过程,从经济学角度来看,由于乡村部门生产效率低下,工业化和城市化会驱动优秀生产要素由农村向城市和工业部门流动,这实际上会自动形成城乡"二元经济结构",从而导致乡村衰落。"英国羊吃人"式和"拉美超前城市化"式是两种乡村衰落的具体表现形式。英国工业革命是以牺牲广大农民的利益为代价,统治者为满足新市场需要而强迫广大农民破产,农田变成牧场,农民被迫转化为工人。这便是被史学家们称为"羊吃人"的英国工业发展之路,同时也是英国农村衰落的根本原因。但到19世纪,英国政府开始乡村复兴运动,政府加大对农村农业投资,乡村活力不断展现。又如,韩国在20世纪70年代末大力开展新农村建设,使农村衰落得以遏制,不断焕发经济发展"新动能"。拉丁美洲式的乡村衰落——过度城市

化和超前城市化方式，让政府放弃了乡村建设，农民自己也抛弃了乡村家园，大量农民涌入城市，导致城市人口过度增长，城市建设步伐滞后于人口增长速度，带来严重的"城市病"，这是拉美国家陷入"中等收入陷阱"的重要原因。

我国自1978年改革开放以来，依靠工业化和城市化驱动，实现了长达40年的经济高速发展。我国已经进入工业化中后期，城市高度繁荣，甚至出现"城市病"。此时，我国农村衰落问题日益凸显，乡村振兴战略恰逢其时地提出，为解决我国城乡差距难题、破除"二元经济结构"提供重要思路。

二、实现"两个一百年"奋斗目标的背景

中华民族伟大复兴需要实现"两个一百年"奋斗目标。第一个百年奋斗目标，就是到2020年（中国共产党建党100年）全面建成小康社会。第二个百年奋斗目标，到21世纪中叶（中华人民共和国成立100年）实现富裕强盛幸福的社会主义强国。要实现全面小康，不仅城市要小康，更强调农村也要小康。目前，贫困农村是全面建成小康社会的短板。习近平总书记曾说："小康不小康，关键看老乡"。只有农村特别是贫困地区的老乡都脱贫进入了小康，全面建成小康社会才能真正实现。从这个意义上看，乡村振兴是全面建成小康社会的要求。

我国乡村振兴战略，提出三步走的目标：第一步，到2020年，全面实现小康，这是乡村振兴道路探索和实验阶段；第二步，到2035年，农村逐步实现农业现代化；第三步，到2050年，我国建成富裕美丽幸福乡村。由此可见，乡村振兴战略是我国民族复兴伟大战略的重要组成部分，只有实现乡村振兴，我国才能真正实现全民族、全领域、全范围的伟大复兴，才能实现强国梦想。

三、新时代经济发展的背景

在中国特色社会主义新时代，乡村是一个可以大有作为的广阔天地，迎来了难得的发展机遇。首先，农产品阶段性供过于求和供给不足并存，农业供给质量亟待提高。人民日益增长的美好生活需要对粮食安全、生态安全、健康养生、休闲旅游等方面提出了要求。这要求我们破除农村发展制约因素，给予农村农业发

展更大自主权。其次，我国发展不平衡、不充分问题在乡村最为突出，农民适应生产力发展和市场竞争的能力不足，新型职业农民队伍建设亟须加强，农村基础设施和民生领域欠账较多，农村环境和生态问题比较突出，乡村发展整体水平亟待提升。最后，多年来新农村建设所取得的成就、所积累的经验为实施乡村振兴战略创造了良好的基础和条件。我们有党的领导的政治优势，有社会主义的制度优势，有亿万农民的创造精神，有强大的经济实力支撑，有历史悠久的农耕文明，有旺盛的市场需求，完全有条件有能力实施乡村振兴战略。必须立足国情农情，顺势而为，切实增强责任感、使命感、紧迫感，举全党、全国、全社会之力，以更大的决心、更明确的目标、更有力的举措，推动农业全面升级、农村全面进步、农民全面发展，谱写新时代乡村全面振兴新篇章。

第二节 实施乡村振兴战略的重要意义

乡村振兴的重点在于产业兴旺。实施乡村振兴战略，必须坚持质量兴农、绿色兴农，以农业供给侧结构性改革为主线，加快构建现代农业产业体系、生产体系、经营体系，提高农业创新力、竞争力和全要素生产率，从而实现由农业大国向农业强国转变，总体来说，乡村振兴战略具有如下几点意义：

一、实施乡村振兴战略，有利于培育乡村发展"新动能"

首先，有利于夯实农业生产能力。大力实施乡村振兴战略，将有利于加快建设国家农业科技创新体系，深化农业科技成果转化和推广应用改革。提升自主创新能力，推进我国农机装备产业转型升级。通过加强科研机构、设备制造企业联合攻关，进一步提高大宗农作物机械国产化水平；通过加快研发经济作物、养殖业、丘陵山区农林机械，将提升我国农业生产效率；通过发展数字农业，实施智慧农业林业水利工程，推进物联网试验示范和遥感技术应用，将提升我国农业发展水平。

其次,有利于促进农业质量的提升。当前,我国农业正在推动由增产导向转为提质导向。各地正在大力推进特色农产品优势区、现代农业产业园、农业科技园的建设,这有利于推行标准化生产,培育农产品品牌,保护地理标志农产品,打造一村一品、一县一业发展新格局。大力发展绿色生态健康养殖,完善农产品质量和食品安全标准体系,健全农产品质量和食品安全监管体制,将极大提升我国农产品质量水平。

最后,有利于构建农村一二三产业融合体系。实施乡村振兴战略,将有利于开发农业多种功能,延长产业链、提升价值链、完善利益链,通过保底分红、股份合作、利润返还等多种形式,让农民合理分享全产业链增值收益。同时,有利于实施农产品加工业提升行动,鼓励企业兼并重组,淘汰落后产能,支持主产区农产品就地加工转化增值。通过实施休闲农业和乡村旅游精品工程,建设一批设施完备、功能多样的休闲观光园区、森林人家、康养基地、乡村民宿、特色小镇,利用闲置农房发展民宿、养老等项目,对发展乡村共享经济、创意农业、特色文化产业有着重要推动作用。

二、推进乡村振兴战略,有利于打造人与自然和谐共生发展新格局

乡村振兴,生态宜居是关键。良好生态环境是农村最大优势和宝贵财富。必须尊重自然、顺应自然、保护自然,推动乡村自然资本加快增值,实现百姓富和生态美的统一。

首先,有利于统筹山水林田湖草系统治理。乡村振兴战略把山水林田湖草作为一个生命共同体,进行统一保护、统一修复。通过全面推行河长制、湖长制,将极大保护我国水域环境。通过完善天然林保护制度,把所有天然林都纳入保护范围。扩大退耕还林还草、退牧还草,将有利于提高我国山体自然环境。

其次,有利于加强农村突出环境问题综合治理。实施乡村振兴战略,将有利于加强农业污染防治,开展农业绿色发展行动,实现投入品减量化、生产清洁化、废弃物资源化、产业模式生态化。通过加强农村水环境治理和农村饮用水水源保护,实施农村生态清洁小流域建设。严禁工业和城镇污染向农业农村转移,将有利于保护好农村生产生活环境。

第一章 乡村振兴战略的背景、意义和认识误区

最后,有利于增加农业生态产品和服务供给。实施乡村振兴战略,将有利于正确处理开发与保护的关系。我们可以运用现代科技和管理手段,将乡村生态优势转化为发展生态经济的优势,提供更多更好的绿色生态产品和服务,促进生态和经济良性循环。通过加快发展森林草原旅游、河湖湿地观光、冰雪海上运动、野生动物驯养观赏等产业,积极开发观光农业、游憩休闲、健康养生、生态教育等服务,创建一批特色生态旅游示范村镇和精品线路,打造绿色生态环保的乡村生态旅游产业链。

三、实施乡村振兴战略,有利于焕发乡风文明新气象

要实现乡村振兴,乡风文明是保障。必须坚持物质文明和精神文明一起抓,提升农民精神风貌,培育文明乡风、良好家风、淳朴民风,不断提高乡村社会文明程度。

首先,有利于加强农村思想道德建设。实施乡村战略,将以社会主义核心价值观为引领,采取符合农村特点的有效方式,深化中国特色社会主义和"中国梦"宣传教育,大力弘扬民族精神和时代精神。我们要加强农村思想文化阵地建设,深入实施公民道德建设工程,挖掘农村传统道德教育资源,推进社会公德、职业道德、家庭美德和个人品德的建设。

其次,有利于传承发展提升农村优秀传统文化。我们要切实保护好优秀农耕文化遗产,推动优秀农耕文化遗产合理适度利用。深入挖掘农耕文化蕴含的优秀思想观念、人文精神、道德规范,充分发挥其凝聚人心、教化群众、淳化民风的重要作用。要划定乡村建设的历史文化保护线,保护好文物古迹、传统村落、民族村寨、传统建筑、农业遗迹、灌溉工程遗产,并支持农村地区优秀戏曲曲艺、少数民族文化、民间文化等传承发展。

最后,有利于开展移风易俗行动。实施乡村振兴战略,将广泛开展文明村镇、星级文明户、文明家庭等群众性精神文明创建活动。遏制大操大办、厚葬薄养、人情攀比等陈规陋习。加强无神论宣传教育,丰富农民群众精神文化生活,抵制封建迷信活动。深化农村殡葬改革。加强农村科普工作,提高农民科学文化素养。

第三节 实施乡村振兴战略的认识误区

党的十九大作出的重大决策，是以习近平同志为核心的党中央着眼党和国家事业全局，着眼实现"两个一百年"奋斗目标，深刻把握现代化建设新规律和城乡关系变化新特征，对"三农"工作作出的新部署，是决胜全面建成小康社会、全面建设社会主义现代化国家的重大历史任务，是新时代"三农"工作的新旗帜和总抓手，具有划时代的里程碑意义。但社会各界在对乡村振兴战略的认识上，仍存在一些误区，需要及时澄清，具体如下：

一、乡村振兴战略是对过去"三农"战略的否定，是另起炉灶

部分农村研究者认为，国家之所以实施乡村振兴战略，是因为乡村社会发展严重落后、乡村彻底衰败、乡村必须被振兴，这实际上是对乡村振兴战略实施背景和前提的一种误读。这可以从乡村发展的实际以及党的文件的延续性上得到反映。

从乡村发展的实际情况看，我国乡村社会建设与治理已取得重大成绩，农民的获得感和满意度得到极大提升，如农民种田不纳税、现代电器进入普通家庭、农村基础设施建设越来越好、安全饮水工程不断推进。乡村社会发展的这些成绩和变化，不能无视，更无法忽略。因此，实施乡村振兴战略并不是要另起炉灶，而是对既往农村发展战略的延伸和深化。党的文件也充分体现了这种延伸及深化。2002年党的十六大报告提出"城乡统筹发展""全面建设小康社会"；2005年中共十六届五中全会提出"社会主义新农村建设"；2007年党的十七大报告再次提出"推进社会主义新农村建设""形成城乡经济社会发展一体化新格局"；2012年党的十八大报告提出要推进"城乡一体化"、加大城乡统筹力度，并提出"工业反哺农业、城市支持农村"思路；2013年农业部提出全国"美丽乡村"创建活动；2015年中央一号文件首次提出"农村一二三产业融合发展"；2017年中

第一章 乡村振兴战略的背景、意义和认识误区

央一号文件提出"供给侧结构改革"。党的十九大报告提出要按照"产业兴旺、生态宜居、乡风文明、治理有效、生活富裕"的总要求,建立健全城乡融合发展体制机制和政策体系,加快推进农业农村现代化。从这一发展脉络可以看出,乡村振兴战略是21世纪以来党的"三农"发展战略、发展政策和措施的集成和深化,并不是"重打锣鼓重开台",更不是对过去"三农"战略的否定。

二、乡村振兴就是城市统筹"翻版"

当前,社会上流传着一种较为片面的认识:城市化是驱动经济社会发展的动力,乡村振兴就是要走乡村城市化之路,许多乡村必须拆村并点,集中安置。实际上这种观念是片面的。一方面,城市化是国家发展战略的主旋律,由此导致城乡差距拉大。此后,国家采取了一系列解决"三农"问题、推进农村发展的支持政策,如中央一号文件连续14年聚焦"三农"、取消农业税、建设社会主义新农村、大力推进工业反哺农业,但没有改变城市高度繁荣、农村逐渐衰败的局面。另一方面,城市化也会导致大量弱势群体在城市边缘居住,形成"贫民窟"。

要从根本上扭转这一局面,就要抛弃乡村发展依赖城市化、城市统筹农村发展的理念。党的十九大提出了乡村振兴战略,强调"城乡融合发展",而不再是"城乡统筹发展",这意味着一个重大的转变,即"乡"不再是城市的附属,而是与"城"相互独立、并行发展的结构。作为一个独立的发展体系,两个发动机同时发动,相互融合、相互促进。

从世界范围来看,许多国家都经历了城市发展、乡村凋敝再振兴乡村的过程。如韩国的"新村运动"、日本的乡村建设。1962年韩国农户的年均收入是城市居民家庭的71%,而到1970年则下降到61%。当时,在全国农村人口中经营不足1公顷耕地的农户占67%,这些人的年均收入不到城市居民的50%。农民占人口比重过大、农业机械化程度低、鄙视和离弃农业农村的风气蔓延、农业基础薄弱、农村教育落后、农民缺乏自信等问题普遍存在。从20世纪70年代初开始,韩国政府在全国开展"新村运动",政府向全国3.3万个行政里(行政村)和居民区无偿提供水泥,用以修房、修路等基础设施建设。随后,韩国政府又筛选出1.6万个村庄作为"新村运动"样板,带动全国农民主动创造美好家园。

"新村运动"在短短几年时间里改变了农村破旧落后的面貌,让农民尝到了甜头,"新村运动"也由此逐步演变为自发的运动。韩国"新村运动"的成功表明,解决农业问题的重点是解决农民的问题,通过实行农村教育、卫生、文化、基础设施的综合开发建设,让农民安居乐业,提高他们的生活质量,关心他们的福利水平。韩国的"新村运动"就是韩国乡村现代化建设过程。由于采用城市和乡村融合发展理念,韩国、日本避免了城市贫民窟和乡村凋敝同时出现,跨越了中等收入陷阱,进入发达国家行列。

三、乡村振兴就是将农村推倒重来,是逆城市化

如何实现乡村振兴是摆在我们面前的重要问题。当前有一种错误思想,就是认为过去我国新农村建设档次太低,所有农村破旧房屋要像城市里"棚户区"改造一样拆掉,重新规划和建设。一些地方在整治建设过程中存在建大亭子、大牌坊、大公园、大广场等"形象工程",偏离村庄整治重点;一些地方照搬城市模式,脱离乡村实际;还有一些地方甚至存在破坏乡村风貌和自然生态等突出问题。

习近平总书记对浙江省"千村示范、万村整治"工程经验作出重要指示,要求在建设生态宜居的美丽乡村工作中,要因地制宜、精准施策。无论是经济发达地区还是欠发达地区都要搞美丽乡村,但标准可以有高有低,各地可根据地理环境、经济水平和农民期盼,科学确定本地区目标任务。各地区各部门编制乡村振兴地方规划时也要因地制宜,要根据实际情况,不能都搞城市版的"棚户区"改造,不能都推倒重来。对具备条件的村庄,要加快推进城镇基础设施和公共服务向农村延伸;对自然历史文化资源丰富的村庄,要统筹兼顾保护与发展;对生存条件恶劣、生态环境脆弱的村庄,要加大力度实施生态移民搬迁。

此外,我们一定要注意避免一种太"左"的倾向,认为"乡村振兴"能快速解决所有乡村产业空心化、乡村人口老龄化等一系列问题。习近平总书记讲过,"农业规模经营不可能一蹴而就,在这个问题上,要有足够的历史的耐心";同时也告诫有些同志,"关于人口城镇化的问题,我们要有足够的历史耐心"。这两句话的分量非常重,意味着乡村振兴和城市化互为一体,不可偏颇。我们要看到，城市化驱动不会停歇。当今日本城市化率90%，韩国城市化率85%，推进乡村振兴并不是不要城市化，或者逆城市化发展，而是要将两者有机结合起来，久久为功，坚定不移向前推进。

四、乡村产业振兴就是要振兴农业产业

产业振兴是我国实施乡村振兴关键所在。长期以来，我国乡村发展一直强调农业的核心地位。有很多同志认为，乡村产业振兴，就是大力发展农业，做好农业振兴就可以了。实际上，这种思想不能适应当前的发展形势。从全世界范围来看，传统农业附加值低、生产风险高、生产周期长，靠传统农业驱动乡村振兴非常困难。乡村振兴战略本质上是要驱动农村农业现代化。农业现代化意味着农业产业链不断延伸，意味着农业专业生产、农业专业加工、农业专业服务水平不断提高，于是一二三产业融合的产业体系就会逐渐形成。农村现代化的发展，也意味着农村基础环境、公共服务设施、乡村现代文明程度不断提升，接近或达到现代化城市标准，这样就会吸引现代科技、服务企业落户乡村，吸引顾客来乡村休闲旅游，促进一二三产业融合。

我国乡村振兴战略明确指出，要大力促进农村一二三产业融合，让农民从相对狭窄的农业领域向更为宽广的二三产业领域持续拓展，从农业生产单环节向全产业链持续拓展，从农业内部向农业外部持续拓展。一二三产业的融合带动模式，既可以是以农业为主导的"一二三"产业模式（如法国波尔多农村以葡萄种植、葡萄酒加工、葡萄庄园旅游为一体），也可以是以加工业为主导的"二一三""二三一"产业模式，以及外来消费为主导的"三二一"产业模式（如旅游就是典型的消费带动型的"三二一"产业发展模式，成都市郫都区战旗村通过大力发展休闲娱乐、旅游观光、农家生活体验等特色第三产业，引进建成一批小型农产品加工企业，实现"三二一"产业融合）。

当前，我国农村一二三产业融合发展正处于起步阶段向加速阶段迈进的关键时期，2017年确定了首批148个农村一二三产业融合发展示范园创建单位，创建了60个全国休闲农业和乡村旅游示范县，财政部安排8.3亿元资金支持18个省份开展田园综合体建设试点，国家旅游局创建了100家"中国乡村旅游创客示范

基地"，组织认定了 10 家"中国优秀乡村旅游目的地"。可以说，农村一二三产业融合在推进乡村振兴发展、促进农民增收和打好精准脱贫攻坚战等方面取得了显著成效。今后，需要推进机制改革，破除要素"瓶颈"，促进土地、资金、人才、技术等关键要素有序流动，提升农户分享二三产业增值收益水平，提高农村产业融合发展层次，持续把农村产业融合发展推向纵深处。

五、乡村居民就是乡村农民

长期以来，普遍认为农村就是农民生产生活聚居的场所，乡村居民就是乡村农民。实际上，这种观念不完全正确。随着农业农村现代化发展，乡村居民不一定是乡村农民，乡村农民也不一定居住在农村。乡村居民除包括在当地拥有户籍、拥有土地的农民外，还包括众多没有土地的外来人口。他们可以是被当地产业吸引来的职业农民、产业居民、乡居创客；也可以是以休闲度假为主要目的的养老居民、疗养居民、度假居民；还可以是寻找创作灵感、追求田园梦想的艺术居民、生活居民等。

神山町位于日本四国岛德岛县东北部偏远山村。1955 年，神山町刚成立时人口共有 2.1 万人。随着城市化以及随之而来的老龄化、少子化趋势，神山町现在的人口已减少到大约 6000 人。从 1999 年开始，神山町每年都会邀请 3 名来自海内外的艺术家到村里短住并进行创作，他们的作品会留在村内一段时间以吸引游客。2000 年神山町开始在全域内进行光纤网络的整备工程，神山町宽带的最高网速甚至可以达到东京的 10 倍，包括 SanSan 公司在内的 11 家企业来到当地设立卫星办公室，其中甚至有企业把本部转移到了这里。农村便宜的土地与舒适的环境，给员工和公司创造了更大的利润；因人才聚集产生的连锁效应，也慢慢成为备受人口减少困扰的地方农村再一次"创生"的绝佳路径。

在我国，随着农业现代化的不断推进，新型经营主体快速增长，全国家庭农场数量超过 87.7 万户，农民合作社数量达 190.8 万家，农业产业化龙头企业数量达 13 万家。这些新型经营主体中汇集许多非农创业者，包括农业技术知识分子、返乡青年（包括城市青年）、返乡大学生等"新农人"。"新农人"是职业农民，但不一定居住在农村。因此，要破除乡村居民就是乡村农民这种狭隘看法。

第一章 乡村振兴战略的背景、意义和认识误区

未来乡村居民可能包含许多知识水平较高、社会责任感较重的社会发展核心力量,这些人可以被称为"新乡贤",他们在乡村的聚集,将形成乡村的一股新生力量。因此,在乡村规划和治理中必须包容这股力量,并吸纳他们参与,共同推动乡村文化跨越城市文明,走向生态文明。

第四节 乡村振兴与农村振兴区别

党的十九大报告提出的是"乡村振兴战略",而不是"农村振兴战略"。一字之差,背后有何深意?梳理两者区别与联系,对我们认识乡村振兴战略有着重要意义。

一、"乡村"与"农村"存在五点差异

1. "乡村"与"农村"的空间范畴不同

根据《辞海》的定义,"农村"是以从事农业生产为主的劳动者聚居的地方,也可以称为"村落"或"村庄"。我国的"村庄"大部分是以宗族关系为纽带、聚集农户的地方,大部分村民同姓,是同一祖宗繁衍的后代。"乡村"本质上也是"农村",但其空间范围包括若干相邻的"村落",所谓"十里乡亲"指方圆十里村庄可称为"乡"。由此,乡村在空间范围比"农村"大,涵盖了"农村"。

2. "乡村"与"农村"在"城乡关系"中层次不同

我国城乡关系大致可以分为几个层次:省会城市、地区城市、县级城市、乡镇、农村。在"县、乡、村"三级结构中,乡与镇同属第二级,是承接县城与农村之间的桥梁。从经济学角度来说,乡镇是指以镇为点、以乡为面的一定区域里面紧密联系的经济综合体。显然,农村在"城乡关系"最底层区域,而乡村

既蕴含"镇"的某些属性,又在空间包含"村"的范围,在"城乡关系"中处于中下层区域。

3."乡村"与"农村"市场化程度不同

我国古代"农村"是典型的自给自足"小农经济"。村民围绕村庄外围开荒屯地,从事农业生产,村庄规模不可太大,否则要走很远进行劳动,生产成本过高。因此,到一定规模,就会迁移出一部分人口,形成新的村落。在村落内部有部分交易(但不是形成专业化市场)。但乡比村范围更大,一般在若干村庄中心地带,就会形成一个交易市场,并逐渐演化成乡镇。因此,乡镇就会产生各种商家,并形成商业圈。由此可见乡村市场化程度高于农村。

4."乡村"与"农村"所容纳产业不同

"农村"是以从事农业生产为主的劳动者聚居的地方,因此其容纳产业以农业为主。但在乡村,有固定的集市,由此产生以第三产业为主体的"商圈"。显然,"乡村"中可同时容纳第一、二、三产业,比"农村"所容纳产业更为广阔。

5."乡村"与"农村"文化特征不同

"乡村"与"农村"都承载了我国"乡土"文明,但乡村比农村承载文明更广泛、更多元。村落往往比较闭塞,而乡具有一定开放性,包容现代文明和商业文明。从这个意义上,"乡村文明"不仅仅是"乡土文明"。

二、"乡村振兴"而非"农村振兴"催生的五点新认识

1. 要从"乡域"视角进行乡村规划

乡村振兴,要规划先行。但乡村规划不等于农村规划或新农村建设,要站在乡域的角度对村庄进行定位和规划,不能各自为政,否则就脱离村庄发展规律,逆历史潮流。浙江省在村庄布局规划方面就始终站在"乡域"角度思考问题,

提出"中心村""一般村""高山偏远村""空心村""历史文化村落"等概念。"中心村"要建设公共服务中心，吸引人口集聚，辐射周边村庄；"一般村"主要实行环境整治，改善村容村貌；"高山偏远村""空心村"主要实行异地搬迁；"历史文化村落"主要实行保护修建，促进历史古迹、自然环境与村庄融为一体。

2. 要充分认识到"乡村振兴"将迸发出巨大"经济动能"

以前我们搞"新农村建设"是基于"城乡统筹"的思维，即通过城市化带动"新农村发展"。党的十九大提出"乡村振兴战略"，是基于"城乡融合"思维，即强调城与乡两个独立主体的经济驱动作用。过去的经验表明，光靠"城市化"一个"发动机"很难解决好"城乡差距"问题，必须再增加一个"发动机"。实施"乡村振兴战略"，就意味着要打破要素流动壁垒，尤其是要打破"土地"这种要素流动障碍，鼓励农村集体建设用地入市，为乡村振兴注入"资金"。成都市战旗村将其农村集体建设用地入市获得近1亿元的资金，成为第一个"吃螃蟹"村，这极大地破除了战旗村乡村振兴发展资金的制约，成为全国乡村振兴"先锋村"。此后，全国许多地方也尝试农村集体建设用地入市，不断催生了乡村振兴的"新动能"。

3. 要用三产融合思维对乡村产业进行"布局"

"农村"是以从事农业生产为主的劳动者聚居的地方，如果我们谈"农村产业振兴"时，就只谈"农业振兴"是有失偏颇的。"乡村"中可同时容纳第一、二、三产业，比"农村"所容纳的产业更为广阔。事实上，传统农业附加值低、生产风险高、生产周期长，靠传统农业驱动乡村振兴非常困难。乡村振兴战略本质上是要驱动农村农业现代化、促进一二三产业融合。因此，我们要用三产融合思维对乡村产业"布局"。如城郊农村可发展休闲旅游带动型的"三二一"模式，偏远农村可发展"一村一品"为基础的"一二三"模式。总之，要解放思想，用三产融合思维对乡村产业"布局"。

4. 要促进乡土文明与现代文明融合

乡土文明强调朴实、真诚、热心，商业文明强调科技、现代化、创新。村落往往是闭塞的代名词，而乡镇接受外来的商业文化比村落更多，具有一定开放性。要推进"乡村振兴战略"就需要促进乡土与现代文明融合，催生"乡村文明"。一方面，将乡村符号和文化遗产加以保护，留住美丽"乡土文化基因"；另一方面，要加大现代化基础设施投入，促进乡村的商业交流。但现实生活中，两种文明都有其弱点，现代文明会侵蚀乡村的淳朴，乡村的守旧思想会制约创新。只有抛弃两者糟粕，将两者优秀"营养"成分有机统一起来，才是未来乡村振兴发展方向。

5. 突破村域，在乡域范围内强化"党建"组织

乡村振兴最缺的是人才，尤其缺乏带领农民致富和进行乡村治理的人才。我们要打开思路，对于一些优秀乡村振兴带头人，要赋予其更大的乡村党建范围，通过加强乡村"党建"的引领作用，全面促进乡村振兴。蒋乙嘉，四川省蓬溪县常乐镇拱市村党支书，将党组织建在"产业链"上，组建了千叶佛莲党小组、核桃种植党小组、生态柚党小组、仙桃党小组、水产养殖党小组、鲜花种植党小组、文化旅游党小组等。为了发挥蒋乙嘉在乡村振兴突出引领作用，镇党委决定在乡域范围进行规划，并于2015年成立拱市联村，即以"拱市村"为核心，辐射周边双合村、灯会村、先林村、花莲村、龙滩村。

三、赣南苏区乡村振兴的几点建议

1. 举办高规格会议，加强学习

在实际工作中，笔者了解到，部分干部还没有充分认识到乡村振兴战略对经济发展重要战略意义，对习近平总书记的乡村振兴思想的学习还没有及时跟进。因此，非常有必要在党校和社会主义学院安排"乡村振兴"课程。

党的十九大报告提出"产业兴旺、生态宜居、乡风文明、治理有效、生活富裕"的乡村振兴总要求，体现了乡村全面振兴思想的萌芽。而2018年中央农村工作会议明确提出了乡村全面振兴的思想，要"推动农业全面升级、农村全面进步、农民全面发展，谱写新时代乡村全面振兴新篇章"。该会议上，还提出我国

乡村振兴"三步走"战略部署：到 2020 年，乡村振兴取得重要进展，制度框架和政策体系基本形成；到 2035 年，乡村振兴取得决定性进展，农业农村现代化基本实现；到 2050 年，乡村全面振兴，农业强、农村美、农民富全面实现。2018 年 3 月，习近平总书记参加山东代表团审议时，提出要从"产业、生态、人才、文化和组织"五个方面发力乡村振兴。从"三个全面"到"五个振兴"，体现了习近平总书记乡村全面振兴思想的不断深化。

赣南农业资源丰富，生态环境优良，如何将"生态优势转化成经济优势"，全面推进"乡村振兴战略"，探索出具有赣南特色的乡村振兴模式和发展道路，是我们当前面临的重要问题。应该说，我们还缺乏清晰的思路和明确的答案。因此，我们要在举办各种高规格论坛、邀请国内外优秀学者、实干型官员、实践性村官、知名乡村规划专家共同探索江西省乡村振兴发展路径和模式，为出台乡村振兴的政策提供智力支持。

2. 向"改革"要动能，尽快出台赣南乡村振兴规划

向改革要"动能"和要"发展"，是推动我国乡村振兴发展的重要路径。当前，我国乡村振兴发展中涌现了许多"明星村""改革村"，比如成都出现战旗村、农科村、青杠树村、指路村，在浙江湖州出现高堂村、鲁家村、余村等，在山东烟台出现大量"民俗村"等。这些乡村正通过稳步推进承包地"三权分置"、农村集体资产股份化、农村建设用地入市、农民住房产权抵押试点等改革，为改革谋得"新动能"。然而，江西省在大力破除城乡要素流动壁垒、推进农业集体建设用地入市改革方面准备不足，推进改革速度还比较慢，也非常缺乏乡村振兴中的"明星村""先锋村"。

目前，全国乡村振兴规划稿已经完成，正在征求意见阶段。由于赣南乡村振兴规划工作尚未启动。建议赣南要尽快落实乡村振兴工作主体责任单位，要尽快对赣南农村农业经济问题进行调研，要根据不同乡村资源禀赋、产业基础、区位优势等，形成一个赣南乡村振兴战略规划体系，并统筹开展乡村振兴试点示范。

3. 将党组织建在产业链上，推进集体经济全面发展

农地土地确权登记完成后，接下来要开展"农村集体资产股份改革"。创新

集体经济组织经营方式、发展和壮大农村集体经济是基层党组织面临的重要任务。因此，村党总支部不仅要有政治能力，更要有突出的经济管理能力。

当前，我们面临最大的问题是乡村党组织缺"经济能人"。因此，要不拘一格吸纳农村"经济能人"加入党组织，将"党小组"建在产业链上，带动农民致富。一方面，我们要大力培育新型职业农民，引导他们加入中国共产党，改善农村党支部成员结构；另一方面，要建立"新乡贤"组织，寻找一些懂经济管理或创业的"乡贤"，鼓励他们回乡创业并加入基层党组织，鼓励他们参与村支书选举。此外，还要引导优秀返乡创业大学生和返乡青年积极加入党组织，鼓励他们参与集体经济管理。

第二章 习近平"三农"思想与乡村振兴

第一节 习近平"三农"思想及其形成

浙江是习近平"三农"思想重要形成地。在乡村振兴战略开局之年、全面建成小康社会的决胜阶段,要学仿习近平"三农"思想在浙江的实践,总结浙江"三农"改革发展经验。习近平"三农"思想是习近平新时代中国特色社会主义思想的重要组成部分,是实施乡村振兴战略、做好新时代"三农"工作的行动指南。

一、"两山"理论

2003年4月,时任浙江省委书记习近平来到下姜村,提出了"绿水青山就是金山银山"的科学论断。15年过去了,下姜村从一个人口不到800、经济萧条的小村庄变成了年均游客超过8.5万人次的"世外桃源",2017年全村农民人均可支配收入达27045元,实现了从"卖矿石"到"卖风景"的华丽转变。

2003年,余村下决心关停全县规模最大的石灰石开采区,十几年过去,当地恢复了竹海碧波、莫干胜景,靠绿水青山引来大批游客。"两山论"直接为浙江走什么样的路、追求怎样的发展指明了方向,生态优势也成为推动浙江可持续发展的绿色动力。如今镌刻着"绿水青山就是金山银山"的巨石纪念碑立在村头,无声地述说着余村凤凰涅槃般的转型、嬗变。

这是中国梦、"三农"梦开始的地方。2018年5月,沿着习近平"三农"思想的实践路径,来看看中国"三农"的浙江答卷及其背后的脉络逻辑。

二、"八八"战略

在浙江抓"三农"工作,习近平同志不仅有理论,更有实践;不仅跟中高级干部讲,还一竿子插到底,直接向基层干部宣讲,把"三农"工作做得既高屋建瓴又落实落细。也许就是从那时候开始,着眼于古老民族"两个一百年"复兴征程的雄图伟略就在思考、探索。

而这,不能不提到著名的"八八战略"。2003年7月10日,在浙江省委十一届四次全会上,习近平同志高瞻远瞩地提出了指引浙江未来改革发展的"八八战略"。

关于"八八战略",习近平同志曾这样阐述:第一个"八"所指的"八个优势",并非单纯指已经体现出来的优势,而是按照科学发展观的要求,结合实际作出的总体把握,体现了继承和创新的统一;第二个"八"则是指八个方面的举措,是针对进一步发挥、培育和转化优势提出的,从而推动经济社会发展增创新优势、再上新台阶。承接"八八战略",对应乡村振兴。浙江省长袁家军表示,浙江将从更深层次、更宽领域对待"三农"问题、认识乡村振兴,从全方位来统筹谋划、协调推进。

2017年10月18日,在党的十九大这个承前启后的历史时刻,习近平同志再一次强调:"农业农村农民问题是关系国计民生的根本性问题,必须始终把解决好'三农'问题作为全党工作重中之重。"

"三个必须""三个不能""三个坚定不移"成为习近平"三农"思想最为鲜明也最为系统的总括性要求;而"三农"的重中之重地位,则从《之江新语》到党的十九大报告,都是始终如一的坚守、始终不变的初心。

三、"三产融合"思想

浙江三产融合风生水起，消费市场和前景固然是前提，但政府的支持与保护同样功不可没。甚至可以说，正是政府持之以恒抓基础设施，坚持不懈出扶持政策，才为三产融合铺平了道路。这一点，浙江省的态度很明确：农业是安天下、稳人心的产业，始终是国民经济的基础；但同时，农业毕竟属于市场经济，首先得有钱赚。浙江本身人多地少，农业产业又普遍多、小、散，靠规模、靠产量显然难以取胜，必须另辟蹊径，创立独特的竞争优势，方可占有一席之地。

四、"生态农业"的思想

面对严峻挑战，2003年习近平同志高瞻远瞩地提出，发展高效生态农业，并且明确将休闲农业、观赏渔业、森林旅游等业态，列为新兴产业予以扶持，并指出"所谓高效，就是要体现发展农业能够使农民致富的要求；所谓生态，就是要体现农业既能提供绿色安全农产品又可持续发展的要求"。

15年来，浙江审时度势，扬长避短，既注重品质品牌，也注重产业链的融合，一以贯之，接力奋斗，一张蓝图绘到底，一任接着一任干，毫不动摇地走可持续发展的高效生态农业之路，成绩可圈可点，经验弥足珍贵。2011年，习近平同志曾对《农民日报》总结浙江现代农业发展经验的报道予以批示：浙江在农业发展理念、农业经营主体、农业生产要素重组、农业公共服务体系等方面的创新，符合浙江农业资源实际，符合现代农业发展规律，对推动浙江现代农业发展产生明显效果，对浙江发展现代农业方面的好做法，可认真总结，积极推广。

五、新型职业农民培育思想

新型职业农民是现代农业发展的生力军。但谁来为他们提供社会化服务呢？浙江省早在2006年，就在农村开启了"三位一体"改革，就是为了建立为农服务体系。十多年来，从低层次的"小合作"，走向高层次的"大联合"，只要农业经营主体有需求,就能享受从生产、供销到信用的全方位服务。如今,浙江已构建成省、市、县、乡四级"农合联"组织。

为鼓励农民创业,浙江省出台政策、搭建平台,让他们无须忧心水、路、电等基础设施问题;要流转土地,政府构建了县、乡、村三级服务体系,不必一家一户地跟农户交涉;粮食的全程机械化、病虫害的统防统治等社会化服务,也十分便捷;若要学习培训,从高端的农业 MBA 到各类培训,只需照着菜单打钩即可。2016 年底,浙江还成立了"农创客"发展联合会。

为解决农业发展的"瓶颈",浙江省在用地问题上"绞尽脑汁"进行探索。嘉善县下辖的大云镇,是全县面积最小的镇,相对来说用地也最紧张。2016 年,县里推出"飞地抱团"项目,简而言之,就是将各个村腾退"低小散"企业获得的建设用地指标流转,再把每年分配给各个镇、村的用地指标统一归集后,选择区位优势明显的地块,统筹布局"两创中心"建立园区。

今天的浙江,已经很难用一个权威的标准界定什么叫农民,但种种现象都在强化一个事实:在新业态融合下,农民的职业属性不断强化,而且变得越来越专业、时尚,也越来越复杂和多元。即使作为身份属性,浙江的农民与市民也越来越接近。2017 年浙江全省农村常住居民人均可支配收入已经达 24956 元,连续 33 年居全国前列,更为难得的是,浙江城乡居民收入比已经缩小到 2.054∶1,成为全国差距最小的省份之一。

这些新理念新思想新战略系统全面、内涵丰富、博大精深、意义深远,为我们做好新时代"三农"工作提供了基本遵循,是实施乡村振兴战略、做好新时代"三农"工作的理论指引和思想武器。我们要以习近平总书记"三农"思想为指导,实现乡村振兴新目标。

第二节 习近平"三农"思想对乡村振兴的指导

党的十九大提出了乡村振兴战略,这一伟大战略是习近平"三农"思想具体体现,要实施好乡村振兴战略,需要进一步领会习近平"三农"思想,自觉运用习近平"三农"思想对其指导。

一、运用习近平"三农"思想对乡村振兴指导

1. 要把握好实施乡村振兴战略的总体要求和方向道路

党的十九大在提出实施乡村振兴战略的同时,提出了实施这一战略的总要求,就是坚持农业农村优先发展,按照产业兴旺、生态宜居、乡风文明、治理有效、生活富裕的总要求,建立健全城乡融合发展的体制机制和政策体系,加快推进农业农村现代化。实施乡村振兴战略一共 20 字的总要求,是"五位一体"总体布局在"三农"领域的具体体现,是新农村建设的升级版、宏观版,体现了时代的进步,回应了群众的期待。乡村振兴,落脚在实现农业农村现代化,这是一个新的重大提法。实现乡村振兴,不仅农业要现代化,整个农村也要全面发展,不仅工农差别要缩小,城乡差别也要缩小,实现"四化同步"、工农互促、城乡共荣、一体化发展,实现乡村"五位一体"全面振兴。实施乡村振兴战略,是新时代"三农"工作的总抓手。

习近平总书记在中央农村工作会议上,对实施乡村振兴战略、走中国特色社会主义乡村振兴道路作了深刻系统的阐述:推进乡村振兴,必须重塑城乡关系,走城乡融合发展之路;必须巩固和完善农村基本经营制度,走共同富裕之路;必须深化农业供给侧结构性改革,走质量兴农之路;必须坚持人与自然和谐共生,走乡村绿色发展之路;必须传承发展提升农耕文明,走乡村文化兴盛之路;必须创新乡村治理体系,走乡村善治之路;必须打好精准脱贫攻坚战,走中国特色减贫之路。这"七个之路"揭示了实施乡村振兴战略的重大任务和内在规律,指明了实施乡村振兴战略的目标路径和努力方向。

2. 要把握好实施乡村振兴战略的基本原则

习近平总书记强调,有了好的决策、好的蓝图,关键在落实。实施乡村振兴战略,一方面,我们过去有许多成功经验,需要发扬光大;另一方面,这又是一项全新工作,需要适应新形势、解决新问题,为此要把握正确原则,采用科学方

法，扎扎实实地抓落实。

切实把农业农村优先发展落到实处。实现农业农村优先发展是一个重大战略思想，最重要的体现在两方面：一是体现在五级书记抓乡村振兴上。党的领导是我们最大的政治优势。实施乡村振兴战略是一项系统工程，是一个长期任务，涉及方方面面的工作，不是哪个部门单独就能干得了的，不加强党的领导，不发挥党管农村工作的优良传统肯定不行。只有各级党委政府真正把乡村振兴作为一把手工程，五级书记齐抓共管，把乡村振兴摆到优先位置，才能把美好蓝图变为现实。二是体现在"四个优先"上。中央农村工作会议明确提出，把农业农村优先发展落到实处，要做到在干部配备上优先考虑，在要素配置上优先满足，在资金投入上优先保障，在公共服务上优先安排，这些都要体现到制度机制上，体现到具体政策上。

3. 要推动乡村政治、经济、文化、社会、生态全面振兴

乡村振兴战略5句话20个字，"五位一体"不仅是经济振兴，还要把农村政治、文化、社会、生态文明建设和党的建设作为一个有机整体，统筹谋划、协调推进。第一，产业兴旺是乡村振兴的重点。要从农业内外、城乡两头共同发力，大力发展农村生产力，做大做强高效绿色种养业、农产品加工流通业、休闲农业和乡村旅游业、乡村服务业、乡土特色产业、乡村信息产业，促进农村一二三产业融合发展，培育农业农村发展新动能，保持农业农村经济发展旺盛活力，为乡村的全面振兴奠定物质基础。第二，生态宜居是乡村振兴的关键。要统筹山水林田湖草保护建设，加强农村资源环境保护，大力改善水电路气房讯等基础设施，做到设施配套、服务高效，保护好绿水青山和清新清净的田园风光，保留住独特的乡土味道和乡村风貌。第三，乡风文明是乡村振兴的保障。乡村振兴不能丢了乡土文化这个魂。农耕文化是中华传统文化的源头，也可以说农耕文明是中华文明的根。要促进农村文化教育、医疗卫生、体育健康等事业发展，提升农民科技文化素质，推进移风易俗、文明进步，弘扬农耕文明和优良传统，使农村文明程度进一步提高。第四，治理有效是乡村振兴的基础。要创新乡村治理机制，健全自治、法治、德治"三治"相结合的乡村治理体系，加强基层民主和法治建设，加强基层组织建设，让社会正气得到弘扬、违法行为受到惩治，使农村社会更加

第二章　习近平"三农"思想与乡村振兴

和谐、治理安定有序。第五，生活富裕是乡村振兴的根本。推进乡村振兴，最根本是要让农民的钱袋子进一步鼓起来，日子过得更加富裕体面。要不断拓宽农民就业增收渠道，大力推进农业产业精准扶贫，打赢脱贫攻坚战，使广大农民衣食住行无忧，生老病死无患。

4. 一定要尊重农民乡村振兴的主体地位

农民是农业农村发展的主体，也是实施乡村振兴战略的主体。推进乡村振兴，是为了农民，也要依靠农民。坚持农民主体地位不动摇，要从两个方面来把握。一方面要考虑农民的利益。乡村是农民的立足之基、生活之本。要把促进农民共同富裕作为出发点和落脚点，让亿万农民共同分享改革发展成果，不断提升农民的获得感、幸福感、安全感。另一方面要让农民积极参与乡村建设。2018年是农村改革 40 年，这 40 年里我们搞家庭联产承包、搞乡镇企业、发展小城镇、农民工进城、土地流转、"三权分置"等都是农民的创造。现在搞乡村振兴，各种投资主体都来了，但不能忘了农民是最重要的主体，要把他们的积极性、主动性、创造性调动起来、激发出来。乡村振兴干什么，怎么干，政府可以引导和支持，但不能代替农民决策，更不能违背农民意愿搞强迫命令。即使是办好事，也要让农民群众想得通。

5. 一定要注意推动城乡融合发展

实施乡村振兴战略，是"三农"特别是农民面临的重大机遇，但光靠农民自身的力量还不行，光靠农村自己的资源也不够，这就需要大量现代资源要素投入农业农村建设。要不断健全体制机制，打通城乡要素合理流动的渠道，关键是解决好"人、地、钱"三个问题。一是围绕解决好"人"的问题，培养和吸引各路人才投身乡村建设。一手抓新型职业农民培育，壮大新型农业经营主体；一手抓"招才引凤"，吸引城里人等各类人才到农村创业创新，让农村成为施展才华的广阔天地。二是围绕解决好"地"的问题，强化乡村振兴制度性供给。土地是农村的巨大财富。要创新土地收益分配机制，盘活闲置农房和宅基地，实现集体建设用地入市同地同权同价，通过建设高标准农田实现土地占补平衡、异地交易，盘活资源要素。但在这个问题上，底线一定要守住，城里人到农村买宅基地这个口子不能开,工商企业或个人下乡利用农村宅基地建设别墅大院和私人会所这类事情不能做。三是围绕解决好"钱"的问题,强化投入支持。乡村振兴要想真刀实枪地干,就得真金白银地投。公共财政要向"三农"倾斜,逐步解决基础设施、公共服务等欠账较多的问题,加快补齐扶贫领域短板。对于工商资本下乡,一方面,要鼓励欢迎,优化环境,引导服务保护好他们的积极性;另一方面,要设立必要的"防火墙",既防止跑马圈地,搞度假村、乡村别墅,又防止排挤农民,剥夺农民的机会和利益,老板下乡要带动老乡,不能代替老乡、富了老板、亏了老乡。

6. 一定要坚持从农村实际出发

中国农村的情况千差万别,各地发展的基础不尽相同,要因地制宜、精准施策,城乡有别,各美其美。重点是三个方面:一是有历史的耐心,科学规划、注重质量、从容建设。二是遵循乡村自身发展规律,注重地域特色,充分挖掘具有农耕特质、民族特色的乡土文化遗产,保护好村庄林草、溪流、山丘等特色风貌,实现城市与乡村各美其美。三是加强规划引领,实现有序推进。要坚持规划先行,树立城乡融合、一体设计、多规合一理念,统筹考虑产业发展、人口布局、公共服务、土地利用、生态保护等,增强规划的前瞻性、约束性、指导性,围绕一张蓝图干到底。

二、习近平"五大"乡村振兴战略路径

在党的十九大之后召开的2018年全国"两会"上,习近平总书记再度就乡村振兴战略进行系统部署、提出明确要求。习近平总书记强调,实施乡村振兴战略是一篇大文章,要统筹谋划,科学推进,并明确提出"五个振兴"的科学论断,即乡村产业振兴、乡村人才振兴、乡村文化振兴、乡村生态振兴、乡村组织振兴,并且明确了振兴的路径,那就是规划先行、精准施策、分类推进。

1. 产业振兴

产业振兴是源头、是基础。实现乡村产业振兴,第一必须立足于现代农业发

展强基础,坚持农业供给侧结构性改革,加快构建现代农业三大体系;第二必须面向新产业新业态谋发展,紧紧围绕农村一二三产业融合发展,引导人才返乡下乡创业就业,实施农产品加工业提升行动;第三要坚持以农民增收、消除贫困为导向,促进小农户和现代农业发展有机衔接。

2. 人才振兴

乡村振兴既离不开土生土长的乡土人才,也离不开四面八方的返乡人才。既要打造强大的农业人才队伍,也要搭建创业创新的事业平台。既要用感情留人、乡情动人,更要以事业聚人、以环境育人、以发展成人。

3. 文化振兴

坚持以社会主义核心价值观为引领,大力发展社会主义文化,补齐农村公共文化服务体系短板,促进农村文化、教育、医疗卫生等事业繁荣发展;着力发掘农村优秀传统文化,充分展现现代文明精神价值的时代特色。

4. 生态振兴

全面建立以绿色生态为导向的制度体系,推动形成资源环境承载力相匹配、与生产生活生态相协调的农业发展格局;进行人居环境整治,实施农村人居环境整治三年行动计划;对基础设施要完善建设和管护机制,发挥村民主体作用,鼓励建立完善村规民约。

5. 组织振兴

强化基层党组织引领作用,切实提升农村基层党组织的领导力、凝聚力、战斗力;健全和创新充满活力的村民自治机制,大力发展农村合作经济;完善现代乡村治理体制,要统筹规划,理顺关系,有效协同,齐抓共管,形成乡村振兴的强大合力。

第三章 革命老区乡村振兴的紧迫性和艰巨性

第一节 革命老区与赣南苏区

一、革命老区概念

中国革命老根据地简称革命老区或老区,是指土地革命战争时期和抗日战争时期,在中国共产党和毛泽东等老一辈无产阶级革命家领导下创建的革命根据地。它分布在全国除新疆、青海、西藏、台湾以外的28个省、自治区、直辖市的1300多个县(市、区)。

在战争年代,老区人民养育了中国共产党及其领导的人民军队,提供了坚持长期斗争所需要的人力、物力和财力,为壮大革命力量,取得最后胜利,付出了巨大牺牲,做出了极大贡献。革命老区是中华人民共和国的摇篮,今天的中国是无数革命先烈前仆后继用鲜血和生命换来的,是中国社会主义大厦的牢固基石。老区是充满荣誉的,老区的革命传统和历史经验是非常宝贵的精神财富,它的光辉业绩将彪炳史册,永放光芒。

第三章 革命老区乡村振兴的紧迫性和艰巨性

二、革命老区范围

其一,土地革命战争时期的革命根据地。土地革命战争前半期,革命根据地的创立、发展可分为两个阶段:从大革命失败到第一批农村革命根据地的创立(1927年8月~1930年夏);革命根据地在红军第三次反"围剿"斗争和党内反对"立三路线"的斗争中巩固和发展(1930年夏~1931年秋)。土地革命战争后半期,革命根据地的发展、演变可分为三个阶段:①从"九一八"事变到中央红军主力长征前(1931年9月~1934年冬);②红军长征时期;③从中央红军长征胜利到全国抗日战争爆发前。共计17块革命根据地:井冈山革命根据地,湘赣革命根据地,中央革命根据地,闽东、闽南、闽中革命根据地,湘鄂西革命根据地,通海如泰革命根据地,鄂豫皖革命根据地,湘鄂川黔革命根据地,闽浙赣革命根据地,川陕革命根据地,湘鄂赣革命根据地,鄂豫陕革命根据地,左右江革命根据地和滇黔桂边游击区,西北革命根据地,海陆丰和东江革命根据地,南方三年游击战争根据地,琼崖革命根据地。

其二,抗日战争时期的抗日根据地。抗日根据地都是在艰苦卓绝的抗日斗争中创建和发展起来的,并经历了一个曲折复杂的过程。1937年11月下旬至1938年10月下旬,是抗日根据地的初创阶段。1938年10月下旬至1941年3月,是抗日根据地的发展阶段。1941年4月至1942年底,是抗日根据地的退缩和坚持阶段。1943年1月至1945年9月,是抗日根据地的恢复和扩大阶段。共计18块抗日根据地:陕甘宁抗日根据地、淮南抗日根据地、晋察冀抗日根据地、皖江抗日根据地、晋冀鲁豫抗日根据地、浙东抗日根据地、晋绥抗日根据地、广东抗日根据地、山东抗日根据地、琼崖抗日根据地、苏北抗日根据地、鄂豫皖湘赣抗日根据地、苏中抗日根据地、河南抗日根据地、苏南抗日根据地、闽浙赣抗日游击区、淮北抗日根据地、东北抗日游击区。

三、赣南等原中央苏区

中央苏区即中央革命根据地,是第二次国内革命战争时期全国最大的革命根据地，是全国苏维埃运动的中心区域，是中华苏维埃共和国党、政、军首脑机关所在地。中央苏区是由以瑞金为中心的赣南、闽西两块苏维埃区域组成的。

在土地革命战争中（1927~1937年），在赣南、闽西革命根据地的基础上发展起来的中央革命根据地，一般称中央苏区。随着近几年党史界的学者、专家对中央苏区范围的深入研究，中央苏区的范围有所扩大。截至2011年9月1日，中央党史研究室已确认全国共有42个中央苏区县：福建省22个，江西省13个，广东省7个。另有资料显示，在第四次反"围剿"胜利以后，1933年中央苏区的发展到了鼎盛时期，辖江西、福建、闽赣、粤赣4个省级苏维埃政权，共设有60个行政县，其中江西省22个县，福建省15个县，闽赣省16个县，粤赣省7个县。中央苏区总人口为435万，总面积约8.4万平方公里。

赣南等原中央苏区地跨赣闽粤，是土地革命战争时期中国共产党创建的最大最重要的革命根据地，是中华苏维埃共和国临时中央政府所在地，是人民共和国的摇篮和苏区精神的主要发源地，为中国革命做出了重大贡献和巨大牺牲。由于战争创伤的影响，以及自然地理等多种原因，迄今为止，原中央苏区特别是赣南地区经济发展仍然滞后，民生问题仍然突出，贫困落后面貌仍然没有得到根本改变。还有不少群众住在危旧土坯房里，喝不上干净水，不能正常用电，一些红军和革命烈士后代生活依然困窘，基础设施薄弱、产业结构单一、生态环境脆弱等制约当地经济社会发展的问题仍然比较突出。振兴发展赣南等原中央苏区，既是一项重大的经济任务，更是一项重大的政治任务，对于全国革命老区加快发展具有标志性意义和示范作用，振兴赣南苏区是一件刻不容缓的事情。2012年6月28日，国务院印发《国务院关于支持赣南等原中央苏区振兴发展的若干意见》（国发〔2012〕21号），旨在支持赣南等原中央苏区振兴发展。

第二节 赣南苏区小康发展进程与差距

党的十八大以来，赣州市紧紧抓住党中央国务院支持赣南等原中央苏区振兴发展的重大机遇，积极探寻贫困老区同步小康的新路径，开创了赣南苏区经济发

第三章 革命老区乡村振兴的紧迫性和艰巨性

展最快、城乡面貌变化最大、老百姓受惠最多的新时期。但是由于底子薄、基础弱、起点低等诸多原因，赣州市距离全面小康不仅存在较大差距，而且前进路上面临重重难关；经济发展水平不仅在省内陷入谷底，而且在全国革命老区中处于低端；贫困人口不仅规模大，而且贫困程度深，具体如下：

一、全面小康进程远远滞后

小康监测初步数据显示，2016年赣州全面小康总体实现程度为80.49%，分别比全国和全省低13.8个和7.7个百分点，约相当于全国2010年、全省2013年的水平，比全国落后6年，比全省落后3年。衡量全面小康建设的五项一级指标都不同程度地低于全省平均水平。其中，经济发展实现程度仅74.08%，比全省低6.42个百分点；民主法制实现程度仅79.28%，比全省低13.12个百分点。文化建设实现程度仅73.61%，比全省低9.49个百分点。列入全面小康进程监测的35个指标中，有9个指标的实现程度为33%~66%，还有1/3以上的路程差距，特别是反映经济发展水平的重要指标——人均GDP，只有目标值的一半。预计2020年赣州市全面小康实现程度为88%左右，同步小康难度很大，追赶的路上存在重重难关。

二、发展水平处于全国老区低端

赣州市人口和土地面积分别占全省的1/4和1/5，主要经济指标占全省1/10的落后面貌至今没有改变。从人均水平看，不仅多数指标深陷入全省的谷底，而且在全国革命老区中也处于靠后的位置。全市人均GDP为25611元，与延安、遵义、百色、临沂、黄冈、三明、龙岩等市相比，排在最后一位，只及第一位（三明市）的35%；人均固定资产投资25741元、农民人均可支配收入8729元，均排在最后一位，为并列第一位的三明市和龙岩市的30.5%和60.5%；人均规模以上工业增加值9896元、人均社会消费品零售总额9223元，均排在倒数第二位，为并列第一位的延安市和龙岩市的20.3%和33.1%；城镇居民人均可支配收入27086元，排在倒数第三位，只及第一位（龙岩市）的89%；人均财政总收入4275元，排在第四位，只及第一位（延安市）的28%。经济发展滞后、人均水平低，这是赣南苏区同步小康面临的最大困难。

三、投资依赖症致使动力单一、效益低迷

由于长期习惯于靠投资拉动经济增长，进入经济新常态后又未能及时转变经济增长方式，不少地方的投资依赖症越来越重，逐渐从投资主导变为投资主体，甚至出现固定资产投资规模超过当地经济总量的情况。2016年，赣州市固定资产投资增速为23.5%，比全国高出15.4个百分点，比全省高出9.5个百分点，资本形成对经济增长的贡献率达80.6%，分别比全国及全省高出38.41个和30.32个百分点；全市人均社会消费品零售总额分别只及全国的38.3%、全省的63.7%，并且呈现下降趋势，消费对经济增长的拉力过弱；而货物和服务净出口则出现巨额负值，为-58.4%。更须引起重视的是，全市固定资产投资占GDP的比重已经超过100%，达100.5%。这意味着固定资产投资不仅失去了乘数效应，还出现了投入大于产出的问题，这是中华人民共和国成立以来固定资产投资史上罕见的现象。同期，全市劳动生产率为39107.8元/人，比全国低58.8%，比全省低43.8%，在全省11个设区市中最低。一些投资未能用于苏区振兴发展，而是用于形象工程。不少苏区县的楼堂馆所富丽堂皇，县城建设像东部，农村面貌像西部。脱离实际的造林绿化"一大四小工程"，各县（市、区）平均耗资过亿，公路两旁十几米宽的绿化带占用了大量的农田，不少还是立有保护碑的基本农田。这些非法占田的绿化树本可用于需要绿化的城镇，但这些县却舍近求远，另花巨资到外地甚至是外省买树种植。有的贫困村不思发展经济挖穷根，却将宝贵的帮扶资金用于重复建设村委会办公用房，小小村庄居然搞两个文化广场。

四、民生建设和公共服务领域难点多

第一，城乡居民社会养老保险标准低。每人每月基础养老金仅80元，比全国平均水平低33.3%，在革命老区市中处于靠后位置，每年不足1000元，仅为低保的1/4，远不及国家扶贫标准线，难以保障基本生活。第二，社保资金缺口

大。2016年城镇职工养老保险基金缺口达13.61亿元；全市认定的40.7万被征地农民中，24万人已参加基本养老保险，目前部分县市区仍有5.9亿元配套资金未转入养老保险基金，另有约16万人至今没有参保，需要配套补贴资金近百亿元；实施健康扶贫的资金压力大，每年需要市县财政筹资4亿元为贫困人口购买疾病补充保险，加重了财政压力。第三，留守儿童的健康堪忧。赣州是劳务输出大市，全市近50万留守儿童，长期隔代监护或单亲监护，甚至委托亲戚或邻居照管，不利于他们健康成长。留守儿童中6~24月龄幼儿营养摄入量不足，导致低体重率、生长迟缓率、贫血患者率明显高于非贫困地区，其他微量营养素缺乏的状况也不容小觑。第四，卫生基础设施薄弱。2016年全市每千人病床为4.5张，在8个革命老区市中排在第七位，县级医院每千人床位仅1.5张，差距更大。基层医疗卫生机构业务用房中仍有2.58万平方米危房。市医疗急救中心业务用房面积仅800平方米，与国家卫计委关于急救中心房屋建筑面积不少于2150平方米的基本要求相去甚远。第五，教育事业落后。学前教育资源严重不足。全市1089个村小附属幼儿园（班）师资少、条件差，与农村幼儿园办园标准相比差距较大。要实现学前三年入园率达85%、普惠性幼儿园覆盖率达80%左右，还需新建公办幼儿园466所、扶持普惠性民办幼儿园1500所。义务教育均衡发展任务重，大班额问题突出。全市初中大班额和特大班额占到了73.97%。18个县（市、区）中有6个县实现义务教育基本均衡，仅占33.3%，远低于全国64%、全省57.1%的通过率；还有12个县（市、区）未通过国家评估认定，占了全省1/4。农村教师待遇低，工作条件艰苦，农村学校每年开学季都因教师不足，要耗费大量精力寻找代课人员，多数农村教师都没有享受到2002年省政府设立的艰苦边远地区农村中小学教师特殊补贴。教育兜底力度不够。全市现有学前建档立卡幼儿28469人，每年所需资助资金为4270.35万元，中央和省仅解决2100万元，仍有一半缺额。第六，资助政策存在盲区。按国家政策，在义务教育阶段，只有贫困家庭寄宿生才能享受生活补助，全市有10.2万名义务教育阶段贫困家庭非寄宿生得不到生活补助。

第三节 赣南苏区实施乡村振兴战略的艰巨性

一、赣南贫困人口规模大、贫困程度深的状况尚未根本改变

截至 2017 年 7 月底,赣州市仍有贫困人口 14.69 万户、50.39 万人,贫困人口占全省的 37.7%,贫困发生率比全国高出 47%,比全省高出 76%,仍然是全国较大的集中连片特殊困难地区之一。全市各地都不同程度地分布有贫困人口、贫困村,但又相对集中于重点扶贫攻坚地区,11 个重点扶贫攻坚县(市、区)有贫困人口 40.86 万,占全市贫困人口总数的 81.1%。全市仍有深度贫困村 458 个,其中,贫困发生率高于 15% 的贫困村和 25% 以上的农户仍住土坯房的行政村有 153 个,贫困发生率高于 10% 的非贫困村有 305 个。这些深度贫困村地处偏远,几乎都是集体经济空壳村,贫困人口多,居住条件差,基础设施年久失修,多数村小组未通水泥路,不少农民喝不上安全饮用水,村里缺乏基本医疗设备和合格医护人员,村容村貌落后。深度贫困户致贫原因很多,其中因病因残致贫的最为突出,合计占 57.7%,其次是缺技术、缺劳力、缺资金致贫,这三者共占 33.85%。

二、赣南农村集体经济来源单一,空壳村比例高

截至 2016 年底,江西省村级集体组织 1.7 万个,组级集体 20 万个,村集体总收入 65 亿元,总资产 295.4 亿元。当年无经营收益或经营收益低于 5 万元的村数约 1.2 万个,占总数的 70%,其中 80% 来自赣南地区。赣南山区大部分农村没有固定的收入来源,属于典型"空壳村"。近年来,赣南农村接受国家转移支付资金在增加,广大农民民生状况好转,但产业发展后劲不足,无论是农村集体经济还是个体经济,均非常弱小。以上犹县严湖村为例,该村有 28 个村民小

组，共有农户 681 户，农业人口 2765 人，是"十三五"省级贫困村。该村产业基础脆弱，2015 年全村农民人均纯收入 5720 元，只相当于全省农村居民人均可支配收入 10117 元的 56.5%，农村集体经济几乎为零。农户的主要经济来源为务工、务农两个方面。务农主要以种植水稻为主，小部分农户养猪、鸡、鸭、鱼或牛、羊等，但形成不了规模，基本满足于自给。当地政府正着力推进油茶低改，但这些项目由于刚刚起步，带动农户增收的效应还未能发挥，农户收入仍处于一个较低的水平，低于国家贫困线的贫困户 132 户、416 人，贫困户数占全村户数的 19.38%。

三、赣南农村"两委"班子人才匮乏，农民创业氛围不浓

在江西，许多平原和市郊的村"两委"班子成员稳定，集体经济舆论氛围较好，办法多，发展快。然而，大部分赣南村干部比较保守，缺乏市场意识，集体经济收益为零的村"两委"干部工作很难开展，三年一换届，一届一茬人，畏难发愁、无思路、能力不强成为制约村集体经济发展的"瓶颈"。赣南农村村班子成员年龄偏大，传统保守，缺乏干事创业的信心和勇气，成为制约赣南乡村振兴的关键因素。

赣南农村大多数群众接受新科技、新思想的能力差，无论是思维方式、生产方式还是生活方式都跟不上形势发展，有的甚至存在较严重的"等、靠、要"思想，缺乏自力更生、艰苦创业的劲头，不思进取，无心脱贫。村里文化生活贫乏，导致村民喜欢聚集打牌，喜欢"东家长、西家短"地议论是非，创业氛围不浓，致富热情不高。

四、交通出行不便，公共服务落后

以上犹县严湖村为例。首先，通村公路虽在 3 年前完成硬化，但 28 个村民小组 8 条通组公路仅有 3 条完成硬化，有 5 个村民小组通汽车困难。其次，上学就医困难。该村离圩镇远，且无村完小，三年级以上需到 15 公里外的蓝田小学就读，给学生带来诸多不便。全村目前仅有村级卫生室 1 个，卫生设施及设备配

置不全,疾病防控能力差,看病就医很不方便。再次,饮水不方便。受地势等自然因素影响未通自来水,村民取水"各自为政",有的从水井里挑水,也有的从山中引泉水到家,饮用水的安全得不到有效保障。最后,用电通信质量不高。全村虽已全部通电,但因线路老化,供电线路长,电压不稳定,部分大功率电器无法使用。28个村民小组中,有5个组未通广播电视,移动通信信号弱,也未通宽带网络,信息较为闭塞。

第四章 赣南苏区实施乡村振兴发展路径

第一节 探索出一条壮大农村集体经济发展之路

由于赣南苏区实施乡村振兴战略紧迫性和艰巨性远远高于其他地区,笔者认为,壮大农村集体经济、培育和发展高质量农业产业、推进创业型新型职业农民培育及加大乡村文明建设是赣南地区实施乡村振兴战略必由之路。

一、壮大农村集体经济对乡村振兴的意义

1. 壮大集体经济是扶贫攻坚的重要"抓手"

2017年6月,习近平在深度贫困地区脱贫攻坚座谈会上指出:"全国12.8万个建档立卡贫困村居住着60%的贫困人口,基础设施和公共服务严重滞后,村两委班子能力普遍不强,3/4的村无合作经济组织,2/3的村无集体经济,无人管事、无人干事、无钱办事现象突出……深度贫困县村均集体收入只有8800多元,同所有贫困县平均5万元相比,差距较大。"由此可见,大力发展集体经济对于促进精准扶贫有着重要的意义,壮大集体经济是精准扶贫的重要"抓手",

抓精准扶贫关键要将贫困村的集体经济搞上去。

2. 壮大集体经济，是拔掉"穷根"的根本路径

"脱贫攻坚一定要扭住精准，做到精准扶贫、精准脱贫、精准到户、精准到人，找对'穷根'，明确靶向"。习近平总书记这句话为江西省指明了方向，推进脱贫攻坚，光输血输不来真富裕，"等、靠、要"要不来真发展，必须始终把壮大集体经济作为精准施策、标本兼治主要思路。把扶贫与壮大集体经济有机结合起来，借区域经济发展之力，实现优势产业连片发展、基础设施连片建设、村落村庄连片整治，推动贫困乡镇、村居实现跨越发展。如井冈山市依托资源禀赋和产业优势，帮助群众发展茶业、竹业、果业等"231"富民产业，促进村集体经济全面发展，全力帮助群众到景区、园区、城区务工就业，努力实现每家每户有一块茶园、有一块竹园、有一块果园、有一人务工，通过"四个一"产业扶贫模式，确保家家有一个致富产业，户户有一个稳定的产业收入。2017年，新增茶竹果面积8万亩，全山茶竹果面积发展到48万亩。同时，按照"全域旅游、全景井冈"的发展理念，打好旅游增收致富牌。建好"一个梦想家园"，带活一方水土。针对"一方水土养不活一方人"的深山区，引导贫困群众向园区、城区、中心村转移，通过公交一体化，让2694名贫困群众实现"白天进区务工、晚上照顾家庭"两不误。

3. 壮大集体经济，有利于促进贫困群众生存能力提升

壮大农村集体经济，有利于激发贫困群众的内生动力。农村集体经济是指主要生产资料归农村社区成员共同所有，实行共同劳动，共同享有劳动果实的经济组织形式。党的十一届三中全会以来，我国农村集体经济改变了过去"三级所有、队为基础"的基本经济体制，村级集体经济成为农村基本的经济组成部分。并且，伴随着家庭联产承包责任制的推行，村级集体经济改变了过去"集体所有、统一经营"体制一统天下的格局，在家庭分散经营与集体统一经营相结合的双层经营体制基础上，衍生出多种实现形式。

在壮大集体经济过程中，许多贫困户通过"村集体产业+贫困户"或"合作社+农户+贫困户"等模式嵌入到产业分工中，贫困户通过学习掌握农业生

产、农产品营销知识,增强自身生存能力。江西省许多乡村通过红色培训、"乡村大讲堂"等,深入田间地头、集市街头,搅动脱贫思想、坚定脱贫信念,同时以"扶志、扶技、扶智、扶德、扶能"为重点,对广大贫困户进行产业培训。伴随着农村集体经济壮大,广大贫困户自身能力也得到了提高。

4. 壮大集体经济,有利于促进乡村治理发展

集体化时期,集体与个人的关系是"强集体、弱个人",资源掌握在集体手中,村民被集体完全控制,分配取决于集体,抑制了个人的自由,削弱了个人的自主性,村集体失去了发展活力和农民支持。分田到户后,农民主体地位得到尊重,个人的自主性得到增强,家庭收入得到保障,但是大部分农业村庄却没有了集体资产和集体收入来源,形成"村穷民富"的局面,集体与个人的关系变成"弱集体、强个人"。尤其是随着农业税、农业特产税相继取消,农村集体经济收入来源渠道急剧缩小。集体空,民心散,空壳村不仅无法进行基础设施建设、产业发展,就连村干部的工资也只能依靠转移支付解决。加之村干部年龄普遍偏大、文化水平较低、队伍不稳定,致使村党支部没有威信,党组织凝聚力、号召力、战斗力不强等问题较为突出。

二、赣南苏区壮大集体经济基本思路

我国四川省成都市战旗村、青杠树村在壮大集体经济方面,走在全国前列,总结这些"明星村"的经验和做法,赣南地区在壮大集体经济时要注重如下几点:

一是资产股权化。战旗村在2011年已经完成农村集体产权确权颁证的基础上,对集体所有的资源性资产、经营性资产和公益性资产等各类资产进行全面清理、核实公布,按照"生不减死不增"原则,锁定集体经济组织成员,并将集体资产均分持股。青杠树村于2012年开展农村集体建设用地整治项目,成立专门领导小组,农户自愿申请参与土地整治,并以现有宅基地及集体建设用地使用权入股,明确土地权属,为土地入市奠定了基础。

二是运营公司化。按照主体明确、权责清晰的要求,搭建新型集体经济组

织,实行公司化运作。战旗村由34个集体经济组织成员和1个授权委托成员共同出资注册成立"郫县唐昌镇战旗资产管理有限公司",参照现代企业管理结构运行,村议事会成员作为公司发起人,村"两委"为公司董事会成员,村主任为董事长,党总支书记任总经理,村务监督委员会成员任公司监事会成员,村集体将资产注入该公司,并授权该公司进行管理和经营,同时制定公司章程、集体资产管理和资产运营制度。青杠树村成立集体资产管理公司,实施农村集体建设用地项目整治和流转;同时由集体资产管理公司和迈高旅游公司共同出资,进一步成立平台公司——香草湖景区管理有限公司,通过签订资产保底及溢价分成的经营权委托协议,采用"整合资源、统一运营、利益共享"的"IOS"模式,整合全村旅游资源,实现集体资产保值增值。

三是运作市场化。坚持政府主导、农民主体、市场化运作的原则,将农村集体资源资产特别是农村集体经营性建设用地推入市场。战旗村将入市土地估价,编制出让方案,经2/3以上股东签字同意后,由县国土局牵头对入市方案进行审查,资产管理公司通过郫县公共资源交易服务中心,将拟入市宗地按入市方案进行公告、挂牌并现场竞价,交易后除按照一定标准上缴土地增值收益调节金(即土地收益资金+基础设施建设资金+耕地保护资金)外,剩下的净收益按照40%为公积金、30%为公益金、10%为风险金、20%货币分红进行分配。青杠树村为建设幸福美丽新村,采取"农户自筹、政府配套、资源置换"的方式建设,村民不仅改善了居住环境,还获得了土地入市的增值收益。

四是决策民主化。战旗村、青杠树村在统筹城乡发展、推进土地改革过程中,充分发挥集体优势、民主优势,探索"党建保障+法治思维+民主决策+利益引导"乡村治理结构,以党支部为战斗堡垒和政治核心,以村民代表大会、村民议事会、村务监督委员会为组织形式,以村民委员会为执行机构,实现集体资产管理公司与新型集体经济组织一体化运作。特别是在土地入市整个过程中,充分体现民主决策,村内重大事务,包括集体资产的处置,由村民代表大会民主讨论;入市的方式、途径、底价,由村民代表民主协商;入市后土地收益的分配,由集体经济组织成员或成员代表大会民主决定,保障了村民的民主自治权利。

五是规划科学化。高精度的村级土地规划和产业发展规划是农村集体经营性建设用地入市的基础条件。郫都区统筹城乡用地布局规划,在衔接国有建设用地利用各项规划的基础上,编制了《郫都区农村集体建设用地土地利用专项规划》,将农村集体经营性建设用地入市与村庄规划优化、土地综合整治项目结合起来,调整解决农村建设用地布局的不确定性和零碎性,灵活布局农村特色产业,为其市场化配置创造了有利条件。青杠树村的村庄规划明确了整个区域的产业、居住等功能布局,对符合上市条件的集体经营性建设用地进行了全面清理和整合,成功将四宗经营性建设用地使用权出让给公司,100亩闲置土地资源获得5848.8万元的土地收入。

六是增收多元化。郫都区通过土地入市改革政策,不仅盘活了农村土地资源,推动了农村产业发展,还实现了增收主体的多元化和增收渠道的多元化。从增收主体来看:其一,政府通过收取土地增值收益调节金,保障了相关投入的资金来源,节约了政府投入成本。例如,青杠树村投入1.67亿元,政府仅投入2200万元。其二,农民得了利,土地财产权得以实现,土地出让收入扣除土地增值收益调节金后全部归农民集体及个人所有。据统计,郫都区30宗土地入市后,集体和农民个人获得超过1.7亿元的土地收入,其中约1.36亿元用于集体经济的积累和发展,约3400万元用于农民股东的现金分配。其三,市场主体得了利,在城市国有土地供不应求、价格上涨的背景下,市场业主在国有土地之外有了更多的选择。从增收的渠道看,农民获得了土地流转收入、政策性收入、住房租赁收入、农家乐经营收入、务工收入以及集体经济入股分红收入。青杠树村2017年农民人均可支配收入25620元,集体人均资产3.48万元。

第二节 探索一条赣南现代农业发展之路

党的十九大报告提出乡村振兴战略20字方针,即"产业兴旺、生态宜居、治理有效、乡风文明、生活富裕"。显然,产业兴旺是前提和基础,也是乡村振兴战略的核心和重点。探索一条赣南现代农业产业发展之路是促进赣南地区乡村振兴的关键。

乡村振兴理论指导下的赣南苏区的实践与探索

一、依托赣南资源优势，选择好主导产业

赣南山清水秀，生态环境良好。依托赣南地区良好的生态资源，赣南政府大力推动"脐橙产业"发展，使之成为赣南富民产业，也打造成赣南名片。之后，各地积极发展蜜柚、柑橘等产业，取得较大的成功。近年来，由于"黄龙病"危害致使赣南脐橙受到巨大的打击。除发展脐橙之外，赣南应该发展什么农业产业？近年来赣南农村有大量抛荒土地，怎么办？随着人们生活水平提升，如何通过农业供给侧改革发展新的农业产业是摆在赣南苏区政府面前的难题。笔者认为，赣南苏区政府可以大力发展草业经济，如"草—有机牛"型经济或"草—有机鹅"型经济。赣南山坳也可以尝试发展"澳洲龙虾"养殖，赣南大量的水稻田、冬闲田也可以尝试发展"秸秆+有机菌菇"模式。实际上，上述这些模式在江西省产业扶贫中已经有一定的实践基础，需要及时总结经验，这可以为探索一个适合赣南乡村产业振兴的模式提供思路。

二、借鉴国内外先进经验，发展好产业组织

赣南苏区农业产业体系普遍偏弱，以"赣南脐橙"产业来看，这一产业规模虽然非常大，但产业体系不发达，主要表现在产业组织弱小、"恶性竞争"严重、产业技术创新能力不强、产业一体化程度较低的方面。新西兰政府在扶助其产业发展过程中，形成一套政府与市场相协调的机制，值得赣南苏区学习，为促进其现代农业发展提供思路。

1. 政府引导成立行业委员会，形成产业联盟，应对"恶性竞争"

任何一个产业发展到一定阶段，就会形成众多微观经济组织，这些微观经济组织会进行竞争。为了获取更多的市场份额，可能会陷入"恶性竞争"。新西兰政府在处理政府与市场关系的经验之一，就是形成特有的农产品流通管理组织。一旦某产业发育到一定阶段，并出现"价格战"现象，政府就会涉入并解决该问题。首先政府引导行业成立行业委员会，行业委员会是独立于政府机构之外

的，但它们都是依法成立代表公众利益的机构，是代替了政府的有关职能。其次行业委员会就开始整合产业组织，促进企业与企业、合作社与合作社进行兼并重组，并不断形成一个大型产业联盟或托拉斯。新西兰羊毛局、奶制品局等主要负责协调政策、组织生产、提供信息、开拓市场、开展科研、引进技术等，起保护和发展本行业生产的作用。要在赣南苏区大力推行农业产业组织集中做法，防止生产者产生"恶性竞争"，构建大型产业组织利益共同体。

2. 建立国际市场为导向的国家农业科技创新体系

新西兰的农业科技创新体系独具特色，它是以国际市场为导向，为提高农产品的国际竞争力而建立的农业科技管理和科研体制，力求将先进的农业科研成果尽快应用于生产实践，转化为商品利润。在农业科研管理体制设置中，新西兰尽量减少政府干预，政府及相关部门只负责制定发展目标和政策建议、确定优先发展领域等。农业研究机构（包括各种农业类研究所和农业大学）是国家农业科技创新体系的技术提供者，它们的主要职责是产品研究、合同研究、分析测试服务、设备使用与咨询服务和信息服务等。恒天然合作集团公司是一个由12000位奶农拥有的合作集团公司，该集团公司是新西兰重大的私人研究和开发投资机构，公司每年投资于奶制品研究和开发项目的经费高达9500万新元。借鉴该经验，赣南苏区要大力构建真正意义上"产学研"一体化的技术创新体系，这样才能确保农业技术创新的可持续发展，从而提高其产业国际竞争力。

三、创新农业保险产品，保护好生产者利益

农业保险对农业生产者具有"保驾护航"的功能，对于驱动传统农业向现代农业转型有着重要意义。2016年，江西省农业保险实现保费收入8.11亿元，同比增长4.96%，同时水稻产量保险、生猪价格指数保险、蜜橘采摘期气象指数保险等创新险种取得突破。但与兄弟省份相比，江西农业保险仍然有较大差距，赣南地区的农产品创新的速度更为缓慢，尚不能适应新型农业经营形势。

当前，赣南农业保险事业发展存在如下关键问题：其一，农业保险产业集中度高，竞争不充分；其二，农业保险配套补贴加重了基层政府的财政负担；其

三,承保、定损、理赔到户过程中存在作假行为;其四,农业保险的扎地落实存在一系列困难。为破解这些难题,笔者认为:一是要运用大数据技术,培育新型农业主体,提高农业保险业交易效率;二是要多方筹措资金,取消县级政府的补贴配套,降低农户保费比率;三是要打破垄断局面,创新保险产品;四是要优化县政府、乡镇府、村委会在农业保险发展中的激励与约束机制;五是要完善监督机制,确保农业保险资金在阳光下运行。

第三节 探索一条创业型新型职业农民培育之路

乡村振兴需要大批创业型高素质农业人才,赣南山区大量优秀人力资源流向城市和沿海,培育新型职业农民已经成为乡村振兴不可或缺的举措。新型职业农民是指具有科学文化素质、掌握现代农业生产技能、具备一定经营管理能力,以农业生产、经营或服务作为主要职业,以农业收入作为主要生活来源,居住在农村或集镇的农业从业人员。

一、我国新型职业农民的种类

我国新型职业农民分为三类。生产经营型职业农民,是指以农业为职业、占有一定的资源、具有一定的专业技能、有一定的资金投入能力、收入主要来自农业的农业劳动力,主要是专业大户、家庭农场主、农民合作社带头人等。专业技能型职业农民,是指在农民合作社、家庭农场、专业大户、农业企业等新型生产经营主体中较为稳定地从事农业劳动作业,并以此为主要收入来源、具有一定专业技能的农业劳动力,主要是农业工人、农业雇员等。社会服务型职业农民,是指在社会化服务组织中或个体直接从事农业产前、产中、产后服务,并以此为主要收入来源、具有相应服务能力的农业社会化服务人员,主要是农村信息员、农村经纪人、农机服务人员、统防统治植保员、村级动物防疫员等农业社会化服务人员。

二、赣南培育新型职业农民的重要性、紧迫性

2017年1月29日，农业部出台《"十三五"全国新型职业农民培育发展规划》并提出发展目标，即到2020年全国新型职业农民总量超过2000万人。《全国新型职业农民培育发展规划》提出，以提高农民、扶持农民、富裕农民为方向，以吸引年轻人务农、培养职业农民为重点，通过培训提高一批、吸引发展一批、培育储备一批，加快构建一支有文化、懂技术、善经营、会管理的新型职业农民队伍。

要把培育新型职业农民放在赣南"三农"工作突出位置加以落实。伴随我国现代化进程，赣南农村劳动力向城镇和第二、三产业转移非常严重。目前，我国农业劳动力供求关系已进入总量过剩与结构性、区域性短缺并存的新阶段，关键农时缺人手、现代农业缺人才、新农村建设缺人力问题日益普遍。赣南农民普遍缺乏市场意识，保守思想严重，开拓进取思想不足，许多农业经营者需要进行全面培训。

2012年中央一号文件明确提出大力培育新型职业农民。新型职业农民是构建新型农业经营主体的重要组成部分，是发展现代农业、推动城乡一体化发展的重要力量，进一步增强农业农村发展活力关键在于激发农民自身活力。大力培育新型职业农民，有利于农民逐渐淡化身份属性，加快转变农业发展方式，促进传统农业向现代农业转型，加快发展现代农业必须同步推进农民职业化进程。

三、赣南苏区新型职业农民培育举措

新型职业农民培育是一项关系"三农"发展的基础性、长期性工作，是一个复杂的系统工程，要结合赣南实际做好顶层设计，并大胆试验，积极探索路径和方法。试点工作主要包括三项基本任务。

一是探索构建一套制度体系，包括教育培训制度、认定管理制度和扶持政策体系。通过试点，提出制度体系的基本框架和具体内容，力争在制度上有所创新，在政策上取得突破。

二是培养认定一批新型职业农民。以"让更多的农民成为新型职业农民"为目标,以"生产更多更好更安全的农产品供给社会"为方向,针对重点对象开展系统教育培训,结合认定和扶持,加快培养一批从事现代农业生产经营的新型职业农民。各试点县要加大教育培训力度,以生产经营型职业农民为重点,确保试点期间每县培养认定 500~1000 名。

三是建立一套信息管理系统。建立新型职业农民信息管理系统,是实施动态管理、开展经常性培训、提供生产经营服务、落实扶持政策的一项基础性工作。各试点县要结合实际,具体提出信息采集类别,并据此建立健全认定的新型职业农民档案。

第四节　探索一条赣南乡村文明发展之路

一、赣南乡村文明建设非常迫切

近年来赣南乡村文化被忽视、被破坏的情况相当严重。一些农村封建迷信活动和看风水活动非常盛行,一些地方乡村传统生活形态、社会关系日趋淡薄,乡村文化日渐荒芜。同时,厚葬薄养、铺张攀比、红白喜事大操大办等不良风气蔓延。振兴乡村,必须坚持物质文明和精神文明一起抓,坚持既要"富口袋",也要"富脑袋",要弘扬农村优良传统礼俗,倡导勤劳致富、诚信重礼、文明节俭,传承发展提升农村优秀传统文化。此外,非物质文化遗产如赣南山歌等面临后继无人的危险,许多古村落处于"失血"状态,缺乏保护。党的十九大提出实施乡村振兴战略,乡风文明是乡村振兴的重要内容。

二、紧紧抓住"乡魂"工程构建乡村文明

我们不妨把乡村精神和乡村文化概括为"乡魂",其实质就是村民对本地公

共事务的参与和奉献精神,以及对家乡的依恋和热爱之情。用一位诗人的描述就是:"乡魂是一缕淡淡的香,乡魂是一帘幽幽的梦",这"一缕香""一帘梦"正是我们需要振兴的"乡魂",需要留住的乡韵,需要回忆的乡愁。正因如此,江西省的乡村振兴战略必须要抓住"乡魂"建设这个"牛鼻子",坚持特色发展,坚守和传承乡村历史、文化,振兴乡村精神、重塑乡村文明。

三、促进赣南苏区乡村文明建设的重要措施

一要弘扬传统文化。要加强农耕文明、乡土文化、古村落、古民居和历史文化名村等农村传统文化的保护、传承和弘扬。注重传统艺术、民俗技艺、人文典故、地域风情等非物质文化遗产的传承和创新。要保护乡村集体情感记忆,使乡村文化成为守望乡愁的依托。

二要聚集乡村人气。应加大中心村镇、特色村镇的人气聚集工程,一些空心村要撤并,一些空心村要改造升级。要以项目建设为带动,以旅游开发为纽带,带动乡村的人流、物流和商流。

三要守护村落文明。首先,发挥村民自治作用。其次,政府应将古村落保护开支列入财政预算,逐年增加。建立"古村落保护智库",聘请文化顾问,吸纳热爱古村落保护、对古村落保护较有创见的社会有识之士、专家学者共同参与古村落保护规划的制订,并作为长期的保护目标。

四、要繁荣村民生活

要加快构建覆盖乡村的公共文化服务体系,提供更多积极向上、农民喜闻乐见的文化产品。要弘扬科学精神,整治农村封建迷信、非法宗教、大操大办等突出问题,树立健康文明新风尚。

五、要发挥乡贤纽带

乡贤是村民自治的传统资源。一方面,要增强新乡贤的文化涵育作用。利用

新乡贤文化涵育乡风、淳化民风，要总结区域新乡贤精神，弘扬发挥新乡贤的道德教化作用。另一方面，要鼓励新乡贤参与村农文化建设与治理。以新乡贤文化促进乡村管理现代化，吸引乡贤参与村里事务的管理，渐渐从经济到社会再到文化治理的村民自治转型。

实践篇

赣州接近1000万人口，农村人口占70%左右，是典型的农业大市。这些年，赣州围绕"产业兴旺、生态宜居、乡风文明、治理有效、生活富裕"五项任务目标，立足自身优势，打好现代农业攻坚战，做了一些积极探索，有一定的基础和较好的条件，在深化农业农村改革、发展特色优势产业、建设农田水利等基础设施、建设新农村和整治农村人居环境等方面也做出积极努力。我们总结赣州在乡村振兴做法，力图探寻一批可复制、可推广的"赣州经验"，为全国革命老区实现乡村振兴提供有益借鉴。

第五章　赣南苏区乡村产业实践与探索

第一节　赣南苏区脐橙产业实践

江西省委十三届七中全会提出了"发展升级、小康提速、绿色崛起、实干兴赣"的总体思路之后，赣州市将其主导产业——脐橙产业作为其产业升级主要"抓手"。但脐橙产业在升级"十字路口"面临黄龙病、染色橙、农户增产不增收等许多困难，各种制约因素交织在一起。为了发现更多"真问题"以及提出更有效建议，笔者团队于2013年11~12月对赣南脐橙产业进行了长达半个月的实地调研，分赴赣州市、寻乌县、信丰县等脐橙主产区展开调研。笔者团队深入到果农家中和果园基地，又分别对合作社成员、销售商、初加工和深加工企业代表、行业协会负责人、果业局领导、地方政府分管领导等进行访谈，获得大量一手资料，这为撰写本书提供重要基础材料。

一、脐橙产业已成为赣南经济的一张"名片"

20世纪60~70年代，以寻乌园艺场的创办和信丰等地初次试种脐橙为标志，开启了赣南发展柑橘业的探索。20世纪90年代，赣州市以实施"兴果富民"战略为标志，掀起第一轮发展高潮。自2002年以后，赣南脐橙种植面积以年均近

20万亩的速度迅速扩张。到2005年底，脐橙种植总面积迅速增加到115万亩，产量猛增到36万吨。2012年，赣南脐橙种植面积达178万亩，脐橙总产量125万吨。

当前，赣南脐橙产业不仅成为当地农民致富和区域经济发展的重要力量，而且成为赣南经济发展的一张重要的"名片"，主要表现在以下几个方面：

（一）种植规模世界第一

赣南脐橙单一区域种植面积位居世界第一，年产量世界第三（次于西班牙和美国加州）、亚洲和全国第一。2012年，赣南脐橙种植面积178万亩，脐橙总产量125万吨。2013年，赣南脐橙种植总面积183万亩，总产量达150万吨。

（二）果品品质世界一流

赣南脐橙果大皮薄，橙红色艳，肉质脆嫩，酸甜适中，清香爽口，荣获"国优产品"、农业部"优质农产品""优质果品"等称号。国内外专家认为其外观和品质均已超过美国"新奇士"脐橙。

（三）国内柑橘行业第一品牌

2011年赣南脐橙地理标志证明商标被国家工商总局商标局认定为中国驰名商标，居柑橘类品牌第一。"入世"十多年来，赣南脐橙不但成功把"新奇士"挤出了中国绝大部分市场，而且远销港、澳、东南亚、中东以及俄罗斯、蒙古、印度等20多个国家和地区。赣南脐橙产业成为响当当的民族品牌。

（四）致富农民的第一产业

2012年，脐橙产业集群总产值80亿元，其中鲜果产值40亿元，25万户种植户直接受益，户均增收2万多元。脐橙产业的发展还带动了养殖、农资、采后处理、包装、贮藏、物流运输、机械制造、休闲旅游等关联产业发展，共吸纳100万农村劳动力就业。

（五）"产学研"模式的第一"先锋"

赣南利用丘陵山地，推广"五统一分""三大一篓""三保一防""猪—沼—果"生态开发模式，这些模式代表了南方山区果园管理的最高水平。柑橘溃疡病、黄龙病等防控技术成为全世界各柑橘产区参照的样板。2018年，赣南"国家脐橙工程技术研究中心"在科技部获批立项，该中心将成为人才培养中心及科技成果集聚、转化、辐射基地。

二、赣南脐橙产业升级面临的问题及原因分析

虽然赣南脐橙产业发展取得了一些成绩，但在高速发展之后，面临着转型升级的诸多困难，主要表现在以下几个方面：

（一）产业安全面临严重的挑战

黄龙病号称柑橘生产中的"癌症"，是一种毁灭性病害。黄龙病通过柑橘木虱和带病毒种苗传播，可导致幼龄树1~2年内死亡、成年树3~5年内枯死或丧失结果能力，病毒大范围流行可导致果园大面积感染、毁灭。据调查，目前赣州全市有病树500万株、面积10万亩左右，约2.5万户果农受到影响，最严重的区域果园病树率超过30%，且有蔓延爆发之势。当前，虽然黄龙病处于可防可控范围，但如果不尽早采取务实有效措施，赣南脐橙产业3~5年内将面临毁灭性打击。

赣州农业结构比较单一，粮食和脐橙是两大主要农作物品种，信丰、寻乌县更是以脐橙为主业，一旦脐橙产业难以为继，将严重影响广大农民生存。因此，黄龙病等传染性病害的防治既是当前工作的重点，也是确保赣南脐橙产业长期安全、健康发展的基础。

（二）产业利润空间不断被压缩

由于脐橙不是生活刚性需求产品，其需求弹性较大，但供给弹性却非常小。根据经济学蛛网模型，当农产品需求价格弹性大于供给价格弹性时，农产品价格

会随着时间推移不断收敛。笔者对果农调查发现，近三年来，加工企业对果农优质脐橙的收购价基本保持在约 1 元/斤的水平。虽然脐橙收购价相对稳定，但人工成本和农资成本却不断上升，扣除劳动力成本和各项农资开支后，果农每斤脐橙利润约 3 角左右。如果算上自身劳动力成本及前期资金利息成本，则脐橙利润每斤不足 2 角。如果品相较差的脐橙不能销售变现的话，则果农脐橙利润每斤不足 1 角。个别果农因果园管理不善，甚至陷入亏损困境。

调查发现，人工成本和农资成本的上升是导致赣南脐橙生产成本持续上升的关键因素。赣南脐橙园建设标准低，水、电、路等果园配套设施不全。98%的果园建于山地丘陵地带，基础设施不配套，很多果园不通路、不通电；有灌溉系统的果园只有 32 万亩，仅占全市总面积的 18%，大部分果园灌溉水源依赖自然降雨蓄水，不具备基本的抗寒防冻、抗旱能力；果园机械化水平低，用工量大，且近两年劳动力成本大约提高 30%，农资成本大约上升 10%，从而造成赣南脐橙生产成本大幅上升，经济效益明显下降，丰产不丰收。

(三) 产品销售压力大幅凸显

进入 21 世纪以来，规模开发的果园陆续进入丰产期，加之广大果农果园管理水平不断提高，初步估计，未来几年脐橙产量规模将增加 40%，总产量将达 210 万吨左右，销售压力即将大幅凸显。主要原因如下：

1. 保鲜能力不足

赣州现有大型贮藏库库容 20 万吨，简易贮藏库库容 56 万吨。2018 年产量约 150 万吨。按总产量的 2/3 贮藏至春节期间和春节后销售的目标计算，则目前还有 30 万吨的缺口。随着脐橙产量的递增，缺口将进一步扩大。尤其是 56 万吨简易贮藏库的设施简陋、贮藏期不长、腐烂率高，脐橙保鲜效果将大打折扣。

2. 精深加工能力不足

目前，赣南脐橙精深加工产品种类不多、规模不大，导致残次果等不符合标准的果品因无法进入加工转化环节，直接进入鲜果销售市场，从而拉低并冲击了优质鲜果的价格。

3. 市场营销体系不全

市场开拓深度不够，二线以下城市没有形成稳定的营销渠道；国外市场渠道不畅，尤其是自营出口没有形成体系；脐橙果品的交易方式和手段比较单一，固定销售渠道少，过多依靠"上门收购、入市推销"，直销、配送等快速、便捷的现代营销模式没有形成。营销队伍建设滞后，物流体系不发达，订单农业、农超对接、直采直供、网络销售等节本营销平台还不完善。

（四）品牌管理缺乏系统性

2011年，赣南脐橙区域公用品牌价值达43.22亿元，居柑橘类品牌第一。可以说，赣南脐橙品牌的构建已经取得可喜成绩。但是，由于没有成立相应的品牌管理机构，导致其品牌管理缺乏系统性。主要体现在如下几个方面：

1. 品牌维护难度大

据业内专家估算，每年全国市场上销售的脐橙中，假冒赣南脐橙品牌或品名的占到总量的大约一半。由于假冒伪劣、以次充好现象严重，赣南脐橙品牌声誉、产业健康发展因此受到严重影响。由于赣南脐橙销售市场遍布全国各地，品牌维护的难度十分大。

2. 品牌危机管理能力不足

随着赣南脐橙产量增加，加之近年其他脐橙产区发展快，行业竞争加剧，特别是受脐橙"催熟""染色"负面媒体报道，赣南脐橙在消费者心中的形象受到严重影响。"催熟""染色"等问题出现之后，虽然赣州市政府及其相关部门果断采取措施，通过扎实工作及媒体正面宣传，不断消除危机，但是，由于农产品危机层出不穷，瞬间触发，如何预防危机、发现危机、疏导危机、消除危机、转化危机是一项系统工程，赣州市政府亟待构建一套反应迅速的品牌危机管控体系，提升赣南脐橙品牌危机管理能力。

3. 品牌价值有待提升

随着消费者生活水平的提升，人们不仅追求产品口感、色泽等基本要素，而且越来越关心产品是否有农药残留、是否有微量元素、这些微量是否有利于健康，甚至是否能抗癌等问题。目前为止，赣南脐橙尚未赋予更深的品牌内涵。如果能将稀土与脐橙之间的联系打通，就可以将赣南两张"名片"紧密联系在一起。赣南稀土的稀缺性，世人皆知。如果稀土微量元素可增强人体免疫能力，而且为消费者知悉，稀土的稀缺性就会引致脐橙的独特性，则脐橙品牌价值立即提高。

（五）产业集中度和组织化程度较低

目前，赣州市有加工销售企业212家。以寻乌县为例，杨氏集团是最大的加工企业，年加工脐橙约5万吨。如圣维、春之光等年加工能力约2万吨的大型企业有5个，千吨级别的中型加工企业约20个，小型加工企业40多家。排名前三位加工企业集中度CR_3不足15%。由于加工营销企业规模不大，数量众多，实力不强，辐射带动能力有限，没有形成在国内外市场上真正具有影响力和话语权的龙头企业。

当前赣南脐橙种植点多面广，单体规模小，共有30万户果农，是典型的原子型生产结构。虽然成立了覆盖市、县、乡、基地四级的果业协会，但没有真正形成"利益共享、风险共担"的现代产业组织体系。以寻乌县为例，虽然全县有40多家脐橙合作组织，但由于农业合作组织合作功能缺失，"公司+农户"模式仍是农业产业化经营的主体，这使农户的利益难以得到充分保障。

（六）产业附加值偏低

调查发现，目前赣南脐橙产品链包含：脐橙鲜果—初加工脐橙；脐橙鲜果—鲜脐橙汁；脐橙鲜果—脐橙糕。赣南脐橙产业的价值集中在脐橙鲜果——初加工脐橙产业链中。脐橙鲜果以1.0元计算，初加工脐橙扣除运费加工0.7元，约为1.3元，其附加值约为0.3元。发达国家农产品与深加工产品价值比例约1∶5。以此计算，如果当前50%的赣南脐橙用于深加工，则脐橙产业价值将增加80亿元。然而事实是，当前赣南鲜橙汁、脐橙糕等衍生产品产值不足 2 亿元。这种情况表明赣南脐橙产业链非常短，尤其缺乏脐橙浓缩汁的生产。为改善这种窘况，赣州市着力引进了中果果业等 3 家企业致力于脐橙浓缩汁的生产，但到目前为止，投入不甚理想；究其原因主要有两点：其一，脐橙本质上不适合搞浓缩汁，其苦味难去，虽然经过赣南脐橙工程中心试验探索，终于可以去除苦味，但成本过高；其二，脐橙生产具有季节性，就算深加工企业将脐橙浓缩汁量产，但由于脐橙季节性供应，将导致生产企业上半年由于原料缺乏而陷入停产状态，设备闲置，影响企业收益。

（七）产业集群效应还不明显

按照美国脐橙产业集群产值分配模式，果农占 1/4，批发和零售占 1/4，物流占 1/4，其他占 1/4。以 2012 年为例，赣南脐橙鲜果产值 40 亿元，按照美国脐橙产业集群产值分配模式，赣南脐橙产业集群总产值应达 160 亿元，然而目前统计数据只有 80 亿元。其主要原因是，当前赣南脐橙产业集群仍处于初级阶段，更多的是生产集群，赣南脐橙交易市场功能未及时跟上。为提升集群功能，赣州市政府大力支持赣南脐橙市场建设。通过不懈努力，赣南脐橙交易市场终于在 2012 年成功升格为国家级批发市场。

一个功能完善、集群效应明显的脐橙产业集群既是脐橙生产中心、加工中心、交易中心，同时还是脐橙信息交流中心、科技研发中心、产品创新中心、物流集散中心、资本流动中心和会展贸易中心等。与此对照，赣南脐橙产业集群差距还相当大，任务艰巨。

三、赣南脐橙产业发展升级的思路与对策

（一）产业安全升级的思路与对策

1. 集中力量防控黄龙病害，逐步建立危险性病虫害监测与防控机制

当前要集中力量，深入开展黄龙病普查和病树清理工作。加强果树苗木繁育

监管，加大植物检疫力度，杜绝危险性有害生物的传入蔓延。

从长远来看，要健全市、县、乡、村（基地）四级果树植保网络，建立危险性病虫害远程自动监测系统，使危险性病虫害监测、检疫、信息发布、预测预警和应急处理工作正常化、科学化，实现危险性病虫害群防群治可控。

2. 积极争取资金，扩大脐橙保险范围和强度

农业保险政策是国家扶持农业发展的一项重要政策，赣州市正在积极推行脐橙保险业务试点。但目前试点的范围还不够大，脐橙保险额度还不够高，每亩保额只有2000元，不能实现果农规避风险的目的。赣州市可依据《国务院关于支持赣南等原中央苏区振兴发展的若干意见》，争取扶贫资金及特色农业贷款贴息，争取设立脐橙产业风险基金和发展基金，将脐橙保险政策纳入国家农业保险框架内，与多家保险机构合作，开发和设计适合赣南脐橙产业可持续发展的保险业务，构建脐橙生产风险补贴机制，增强行业整体抗风险能力。

3. 加速无公害或绿色脐橙生产基地建设，逐步建立脐橙生产质量可追溯体系

积极从农业和环保管理部门争取资金，加速无公害或绿色脐橙标准化生产基地建设。加强果园基地水、电、路等基础设施建设，解决果园不通路、不通电、生产缺水等突出问题，改善和提高脐橙生产条件和环境质量。要加强与农业工程机械研究部门、高等院校及相关农业工程企业合作，研发和引进适合赣南丘陵山地果园特点的施肥、修剪、喷药、运输机械和水肥一体化灌溉设施等，加快推广与普及果园机械化。

积极争取农业部和商务部关于农产品质量追溯体系试点建设政策和资金，鼓励更多的合作社和加工销售商成为农产品质量追溯体系试点单位，逐步建立赣南脐橙生产质量可追溯体系。明确各级政府质量安全监管第一责任人责任。对生产基地、果品分级包装企业和流通交易市场的果品质量监测和监督抽查。严厉打击脐橙早采、染色等行为。大力开展农资市场整治，加强农药、肥料、保鲜剂、蜡液等投入品的管理，严防假冒伪劣、违禁投入品流入脐橙产业各生产环节。

第五章 赣南苏区乡村产业实践与探索

(二) 品牌升级的思路与对策

1. 为赣南脐橙品牌注入新内涵

第一,打通稀土与脐橙之间的联系,强化赣南脐橙的独特性和稀缺性。将赣南两张名片紧密联系在一起,是提升赣南脐橙品牌价值的当务之急。大量研究表明,稀土含量较高,有利于脐橙根基吸附和脐橙果肉糖分集聚,故赣南脐橙产量和含糖量较高。集美大学生物工程学院余江、黄志勇研究表明:赣南脐橙中稀土微量元素丰富,其含量高于厦门脐橙,但果肉中稀土含量对人体健康无害。即使赣南矿区果园产的脐橙果肉中稀土元素含量也只有 0.215mg/kg,远低于 2005 年颁布的食品中污染物限量标准(GB2762—2005)中规定的水果类稀土氧化物限量值(≤0.7mg/kg),这表明矿区果园脐橙中稀土元素含量对人体无害。

研究普遍认为,少量的稀土元素对人体健康所必需的蛋白质、脂肪、碳水化合物、维生素和无机盐的形成都有促进作用,能使血中硒含量增高,增强人体免疫能力,抑制癌细胞 DNA 的合成,调节机体代谢。因此,建议加大对"国家脐橙工程技术研究中心"的投入与政策扶持力度,致力于赣南脐橙品牌的提升问题研究,重点研究不同地区脐橙营养成分、微量元素的差异及其对人体健康的影响,在脐橙稀土微量元素有益于人体健康等方面取得令人信服的研究成果,得出权威性的结论。

第二,树立绿色安全脐橙品牌概念。树立绿色安全脐橙品牌概念是赣南脐橙可持续发展不可规避的路径选择。农药与土肥是脐橙绿色化生产的关键。因此,建议"国家脐橙工程技术研究中心"联合国内外研究机构攻克绿色农药研发和有机肥研发难题,探索制约"猪—沼—果"模式发展的关键因素。在实际工作中,进一步强化扶持政策,在脐橙全行业、全产业链推行绿色经营管理。

2. 加强品牌维护建设力度

在赣南脐橙网上建立"举报箱",运用网络平台,发挥群众监督力量,构建一支由政府引导、行业协会领衔、核心企业参与的赣南脐橙品牌宣传与维护队伍。积极联系与配合国家质检总局开展全国性赣南脐橙地理标志产品专项执法检查行动，维护赣南脐橙品牌形象，不断提高赣南脐橙品牌的市场美誉度。

3. 建立赣南脐橙品牌管理机构

考虑到赣南脐橙对于赣南发展的重要性与特殊性，建议突破编制限制，在果业局下设立专门性的赣南脐橙品牌管理机构。该机构职责主要体现在以下两个方面：

一方面，专门负责对赣南脐橙品牌的日常监控。通过加强赣南脐橙果业协会与政府及其他相关部门的协调合作，建立系统定期联席工作机制，整合传播资源，增强应付突发事件能力。做到在关键时候事前预警，危机来临时有应急机制，提升公共关系处理能力。

另一方面，专门做好品牌价值提升策划和宣传工作。品牌策划是一项系统工程。运用公共关系营销原理，可以"导演"一个个跌宕起伏的故事。通过策划，不断为赣南脐橙注入品牌新内涵、新价值。要善于驾驭媒体，立体宣传，形成合力。要依托赣南脐橙节活动，充实其体验环节及内容。具体工作可以委托相关公司进行策划。

赣南既是稀土王国，也是客家摇篮。赣南脐橙还可以增强人体免疫力。可通过养生文化、客家文化吸引更多人参与赣南脐橙节活动，将稀土、客家、脐橙融为一体，培育独具特色的赣南脐橙文化。

(三) 产业集群升级思路与对策

1. 以国家级脐橙交易市场建设为契机，谋划脐橙产业集群升级

首先，规划先行。国家级脐橙交易市场建设要规划好批发及零售商铺数量，设立准入标准，鼓励商铺积极配合农产品质量追溯制度建设，为今后脐橙产业安全发展奠定基础。

其次，建立脐橙产品会展及贸易中心，不断丰富脐橙产品种类，鼓励大量脐橙创意产品进行参展，利用赣南国际脐橙节时机进行贸易洽谈。引导商户开展线下、线上交易。设立电子商务网络创业区，鼓励商家和创业者进行网络创业，重视创业者运用速卖通等电子交易平台从事赣南脐橙的国际贸易。

再次，建立金融及投资中心，创新机制，协调好驻市场中金融机构关系，降低结算费用，提高融资功能。积极探索建立脐橙期货和现货交易平台，及时通报价格信息，及时通告供给方与需求方信息。

最后，高起点规划建设物流集散中心，加强酒店服务、市场监管等其他配套设施建设，进一步完善国家级脐橙交易市场功能。

2. 构建脐橙深加工和创意园，通过"反弹琵琶"的方式强力推动产业集群升级发展

赣南脐橙产业升级必须发展深加工产品。为此，一方面要整合力量，积极与上级发改委、工信、国土等相关职能部门联系，规划建设赣南脐橙深加工产业园和脐橙创意产业园，为产业升级提供空间。另一方面要积极引进国内外果汁生产销售龙头企业，投资赣南脐橙深加工项目，增强产业升级的推动力量。发展脐橙深加工产品的重点是：①脐橙非浓缩还原汁（NFC）。主要消费者为广东等沿海发达地区的高端消费群体。②脐橙创意产品。将脐橙元素与相关食品、日用品融合，如脐橙糕、脐橙巧克力、脐橙牛奶、脐橙香料香精产品、脐橙牙膏、脐橙卡通、脐橙面包、脐橙混合果汁等。脐橙创意产品种类多，既丰富了脐橙产品内容，也产生了脐橙浓缩汁的需求，有利于消化脐橙残次果，从而拉长了产业链，提升了产业价值。

由于脐橙季节性供应因素，导致脐橙浓缩汁生产也具有季节性，造成加工设备处于闲置状态，企业投资的积极性因此受到影响。为此，笔者建议，在无法解决鲜果季节性供应问题的情况下，先不将脐橙浓缩汁作为深加工的重点，而将脐橙非浓缩还原汁和脐橙创意产品作为发展重点。其原因是，后两者要求的设备相对简单，前期投入小，准入门槛低，容易产生效益。而且，如此一来，引致出对脐橙浓缩汁的需求，通过"反弹琵琶"的方式，最终促进脐橙浓缩汁的发展。

脐橙创意园的构建，要出台优惠政策，侧重优先引进在沿海地区有现成食品销售网络的企业落户，尤其重视引进客家和返乡食品销售企业、商人入驻。

3. 建设脐橙产业信息交流中心，强化脐橙产业氛围，增强脐橙产业的根植性

脐橙产业集群的发展，需要培养一批专业的产业和技术人才。建议建立脐橙

产业人才数据库和人才交流市场，不断加大脐橙销售经纪人的培训力度，办好脐橙产业学术交流会，确立赣南在脐橙技术行业的领先地位，形成脐橙产业技术人才集聚、交流和知识传播的场所，强化脐橙产业的浓厚氛围，进一步加强赣南脐橙产业的根植性。

(四) 产业融合和整合升级的思路与对策

1. 积极促进脐橙产业与休闲、旅游等产业融合

产业融合已经成为产业发展的一种趋势，赣南脐橙产业发展应顺应这种趋势。在赣南，脐橙产业发展与休闲、旅游、养老、养生产业互为关联。

笔者成员在去寻乌和信丰县调研的路上，看到满山挂果的橙园，非常兴奋，这是一道独有风景。如果赣南旅游将橙果采摘、温泉、围屋居住体验、客家寻根、庙宇等元素有效整合，通过支持与客家相关的影视作品及电视节目的制播，大量吸引海内外客家人回归赣南，必将促进旅游与赣南脐橙等农业共赢。因此，建议大力发展开心果园、农家乐、家庭农场等经营组织形式，加速其与休闲、旅游等产业的对接、融合。

2. 鼓励加工企业之间兼，提高产业集中度

当前赣南脐橙主产区脐橙加工业集中度不足15%。提高该产业集中度是重要环节。一方面，积极培育壮大龙头企业，每个县扶持发展1~2家年加工销售果品4万吨以上的龙头企业。另一方面，鼓励同类企业之间兼并重组。为此，可以适当提高初加工产业技术和资本门槛，采取优惠措施，鼓励亏损企业退出赣南脐橙加工业。

3. 扶持和规范合作社，鼓励发展合作联社

一方面，积极争取农业部门合作社支持资金；另一方面，加强合作社自身建设。通过学习优秀合作社的管理经验，进一步规范专业合作社。鼓励在县级成立合作社联社机构，加强合作社应对农业龙头企业的议价能力和合作能力，在市一级可尝试建立合作社联社协会，进一步增强其市场主体地位。

（五）营销与贸易升级的思路与对策

脐橙需求弹性小，但需求潜力非常大。以中国人均9公斤（国际标准）计算，脐橙需求量可达1300万吨。因此，加强营销与贸易是赣南脐橙产业发展的关键要素。赣州市抓住《中央国家机关及有关单位对口支援赣南等原中央苏区实施方案》出台的机遇，充分利用52个支援单位的特点，积极争取政策，主攻内贸，促进外贸发展，以"政府对接搭台+企业跟进"模式积极拓展新消费群体。

1. 拓展新的营销网络

在精心分析现有营销网络的同时，不断拓宽新营销网络渠道，深入到以县（市、区）为单位，完善覆盖全国各省、市、县三级的市场营销网络，建立超市有专柜、批发市场有专区、社区有直销点的全方位立体营销网络，做到"精耕细作"。此外，还要利用商务部政策，大力发展"农超对接""基地直采"直销模式。

2. 加大冷链物流和冷库建设

充分发挥农业部、能源局支援信丰县以及财政部、银监会支援瑞金市的优势，重点帮助与扶持瑞金、信丰、寻乌建设仓储、加工、冷链物流运输系统。

3. 大力促进电子商务和网络营销

通过工业与信息化部对口支援的优势，建立以政府为主导的赣南脐橙电子商务和网络营销平台，积极构建脐橙网络创业园，推动网上销售，减少流通环节，降低流通成本。

（六）产业结构升级的思路与对策

1. 调整与升级脐橙品种结构

一要调整早、中、晚脐橙品种结构。大力开展优良品种的大田群体选优工作，加强优良单株的发掘、开发和利用，加大对早熟、晚熟、抗逆性强优良单株的选育改良，培育具有自主知识产权的主栽品种。重点发展早熟、晚熟品种，适度发展中熟品种。

二要大力发展"绿色"脐橙。引导农业龙头企业和合作社积极申报绿色农产品标志，采取生产成本补贴、税收减免、技术培训等方式，引导种植户使用生物制剂防治病虫害等，破除"猪—沼—果"模式中制约因素，使农民尽量使用农家肥、绿肥、非化学合成的商品肥等。示范推广无公害、绿色种植技术，切实提升赣南脐橙的果品品质，大力发展绿色脐橙。

2. 调整果业品种结构

按照"因地制宜、发挥优势"的原则，坚持以脐橙等鲜食橙类柑橘为主栽品种，加大杂交柑橘（不知火、默科特、秋辉、甜春橘柚等品种）、柚类（强德勒红心柚、HB柚等品种）、柠檬和其他特色水果的引种、试验、示范力度，形成以脐橙等橙类鲜果为主、其他特色水果为辅的品种格局。

3. 调整农业产业结构

赣南山区气候独特，除了适合果业发展，还可以大力发展实用菌产业和中药产业。为了降低脐橙产业风险，赣南地区可以探索发展果业以外的经济作物，发展林下经济。借鉴福建省实用菌产业发展经验及辽宁省林下种植人参经验，出台扶持政策，寻找适合赣南经济发展的中草药品种，从而拓宽赣南农林发展的道路。

（七）技术升级的思路与对策

1. 明确国家脐橙工程技术研究中心主攻方向

国家脐橙工程技术研究中心要立足解决产业发展存在的共性技术难题，为脐橙产业发展提供强有力的科技支撑。笔者认为，当前的主攻方向有三点：①绿色脐橙发展的关键技术体系建设；②赣南脐橙中稀土含量及对人体健康的影响；③脐橙深加工关键技术体系，重点是脐橙浓缩汁的加工技术。国家脐橙工程技术研究中心要通过加大产业科技研发和技术攻关力度，大力整合资源，形成开放式的协同创新平台。

2. 创新果业科技推广和服务机制

当前赣州市已形成市、县、乡、村（基地）四级果业科技推广机制，对果业实用技术的推广普及发挥了重要作用。这种科技推广和服务机制以政府行政为主导，运行成本高。

赣南果业基础好，具有建设合作社和合作联社的基础。赣州市可创新机制，构建以合作社或合作联社为需求主体的、以市场为导向的社会化服务运行机制。要积极引导合作社构建包括种苗、农药、化肥、销售为一体的，专业化分工与合作的社会服务体系，从而实现科技推广与市场需求对接，降低社会服务运行成本。

第二节 赣南油茶产业振兴与实践

2015年全国"两会"期间，习近平总书记在江西团参加审议时，念了赣南兴国105岁老红军王承登写给他的信，信中说希望国家加大对革命老区油茶扶贫产业支持。习近平总书记说："当年革命老区群众就是用茶油、钨砂，从白区换回食盐、药品等物资，支援红军，支持革命，油茶是个好东西，油茶应当成为革命老区群众脱贫致富的重要产业。"2016年，习近平总书记视察江西时，提出了新的希望和"三个着力、四个坚持"的总体要求，并殷切希望江西主动适应经济发展新常态，向特色优势要竞争力。江西具有2300年的油茶种植历史，赣南是油茶种植核心区。在当今时代，赣南油茶产业呈现出新的发展规律。笔者团队先后在赣州、湖南等多地对油茶产业、龙头企业、合作社种植户、林业部门、油茶产业专家开展走访实地调研，形成如下调研报告。

一、各级政府高度重视，油茶产业持续向好发展

1. 油茶产业被列为富民工程，相关扶持政策频出

江西省委、省政府高度重视油茶产业发展，成立了以省领导为组长的全省油茶产业发展领导小组。2010年，省政府下发了《关于加快油茶产业发展的意见》。2015年，省发改委、省财政厅、省林业厅又联合印发了《江西省油茶产业发展规划（2015~2020年）》。2016年，江西省级油茶产业发展专项资金由2015年的5000万元提高到8000万元，高产油茶林建设补助标准提高至500元/亩，对油茶林建设进行"兜底扶持"。"金穗油茶贷"累计发放贷款超过22.98亿元。与此同时，赣州各县市也把油茶产业作为重要工程来抓。如宁都县整合涉农和扶贫资金，对油茶低改项目每亩补助150元，对新造高产油茶每亩补助300元；扶贫部门对种植油茶的贫困户或者吸收贫困户人数超过30%的合作社，每亩给予300元的产业资金扶持。

2. 发展规模取得新突破，品种结构不断优化

据统计，2009年赣州油茶产业总产值约为15亿元，2014年增至44亿元，2016年跃至76亿元，7年间江西省油茶产值增加400%。从油茶总面积来看，赣南油茶年平均增幅超过20%。从茶油产量来看，2011年为1.5万多吨，2014年为3.2万多吨，茶油产量3年翻一番。此外，赣南油茶品种结构不断优化。2014~2016年，高产油茶面积占油茶总面积比率由2014年的25.3%增加到2016年的31.7%。新增油茶林基本采用"赣无系列""赣州油系列""长林系列"等高产油茶优良无性系品种。

3. 新型经营主体做出新探索、产业扶贫显成效

随着赣南油茶产业扶持力度加大，农业龙头企业、合作社、农民（含贫困户）积极参与到油茶产业发展中来。在油茶产业化发展进程中，赣南不断涌现出"村民自营""合作社""龙头企业+基地""股份制+基地""龙头企业+基

地+农户"等模式。赣南云博油茶公司自行建立2万亩油茶基地,公司将油茶基地按照"油茶公园"模式建设,将油茶产业向休闲旅游产业融合。

油茶特别适合在山区种植,贫困户集中在山区,因此油茶是赣南重要产业扶贫项目。2016年赣南新造高产油茶林16万亩,其中精准扶贫面积4.5万亩、帮扶贫困户0.81万亩,贫困户享受产业扶贫现金直补0.52亿元,享受产业贷款0.23亿元,从油茶产业获取劳务收入0.14亿元。

4. 扶强龙头企业上市,品牌建设迈出新步伐

赣南油茶经营加工企业30多家,共注册商标40多个。其中有1个商标荣获中国驰名商标称号,有4个商标荣获江西省著名商标称号。2016年,国家质检总局第9号公告批准"赣南茶油"为国家地理标志产品。这些成为赣南油茶品牌建设新亮点。

二、赣南油茶产业发展升级面临的突出问题

1. 分散化的小农经营制约了油茶产业规模的扩张

据林业部门统计,赣南有大量南方丘陵地适合种植油茶,发展油茶种植资源潜力还很大,但实施了林权改革后,如何组织千家万户小林农共同发展油茶产业是一件非常困难的事。赣南探索总结出了一套新造高产油茶"五统一分一委托"模式,即统一规划、统一整地、统一购苗、统一标准、统一栽植、分户管理和受益。通过委托有大型整耕机械的专业户按林业局的规划,统一帮群众耕整山地,油茶种植补贴的钱直接归中介所得,农户不用前期投入。这种模式有效解决了林权分散制约油茶产业规模化的矛盾,非常值得推广。但许多地方林农思想观念比较保守,油茶致富的积极性还不高,如何组织千家万户小林农共同发展油茶产业是一件紧迫的事情。

2. 加工企业原料供应不足,原料价格市场波幅增大

2017年,江西省规模以上油茶加工企业有50多家,年茶油生产能力21.2万

吨，但茶油产量不足11万吨，因此加工能力远高于油茶原果产量。同时，由于海外茶油需求增大，有一批商人在江西、湖南、广西的油茶大省大量收购油茶原果，从而抬高原果价格。在此背景下，龙头企业如何获取油茶原料供应是当前面临的重要问题。万年县香云河油茶有限公司以"农户荒山入股、企业投资经营、三七分成"的合作模式，建设3万亩高产有机油茶基地。由于公司与农户利益一致，油茶原料获取有保证。赣南大部分油茶龙头企业与农户利益机制不紧密，在原料涨价情况下，企业显得非常被动，许多油茶企业出价2元/斤都难以获得原料，部分加工企业经营困难，甚至处于倒闭边缘。

3. 油茶产品缺乏标准，导致市场上"毛油"泛滥

在我国茶油市场上，存在浸出油、压榨油和调和油等多种油品。由于缺乏调和油产品标准和检测方法，茶油产品市场上存在较严重的欺骗消费者行为。许多加工企业故意混淆压榨油和浸出油的区别；有的加工企业为降低价格，在茶油中加入其他食用油，生产所谓的调和茶油（从科学上来讲茶油不能和其他油混合）。此外，由于工商部门、质检部门、林业部门对油茶产品执法监督责任不清，存在一定推诿现象，导致无证无照经营加工生产的企业还很多，油茶批发市场、集贸市场存在大量低值茶油和仿冒品牌茶油现象。消费者面对真假难辨的精炼茶油，仍愿选择粗加工的"毛油"。当前"毛油"价格涨到50~60元每斤，接近精炼茶油价格60~70元每斤。许多油茶加工企业销售困难，利润很薄，苦不堪言。

4. 油茶产业素质不高，迫切需要"换挡升级"

从油茶基地生产条件来看，不通路、不通水、不通电的低产油茶林还非常多。这需要政府加大基础设施投入，提升油茶产业发展基本条件。从加工环节来看，大部分茶油加工企业仍采用粗放式压榨技术，许多地市尚无茶油检测中心，油茶品质难以把控。除星火农林等少数油茶企业（利用茶粕种植海鲜菇）具备综合利用油茶饼的能力，大部分油茶深加工企业在医疗、日化、生物、纺织、洗涤等方面的应用非常少，赣州市科技界也非常缺乏将油茶原料"吃干榨尽"的高端研究成果。从销售环节来看，全国尚未形成一个统一的油茶原料、油茶产品

交易中心和价格指数中心,价格波动较大,也存在扰乱市场秩序的现象。从品质安全来看,赣州市尚未形成从生产源头到餐桌的可追溯体系,物联网、"互联网+"运用还不广泛。

三、促进赣南油茶产业"升级换挡"的建议

1. 加强政府引导

各级政府进一步提高认识,将油茶产业发展放在维护国家粮油安全、促进富民强市、农村振兴战略的高度,进一步完善落实发展规划。各级各部门要围绕油茶产业发展,各司其职,各负其责,密切配合,形成合力。发改部门要切实抓好退耕还林后续产业工程规划的编制和组织实施;财政部门要抓好资金管理,及时调拨资金;招商部门要加大招商引资力度,让更多有实力的企业尽快参与到全省油茶产业开发中来;林业部门要积极向上级林业主管部门争取油茶产业建设项目和资金;扶贫部门要把油茶产业作为扶贫产业重要抓手,纳入考核;国土资源部门要将油茶垦复纳入国土整理范围;农机部门要将垦复机械纳入农机补贴内容。当前迫切要开展的工作:一是调整发展布局,将发展的重点放在赣南林业重点县;二是明确发展重点,现阶段将工作重点放在提质增效上,在保证新造林质量的同时,加大低产林改造力度,加强抚育管理;三是把油茶作为农村富民工程、贫困地区脱贫产业重点来打造。

2. 借鉴茶叶品牌整合经验,打响"赣南山油茶"公共品牌

江西省从近700个茶叶品牌中,选出"四绿一红"——"狗牯脑""婺源绿茶""庐山云雾""浮梁茶""宁红"五大品牌重点扶持,推动了茶叶产业快速转型升级。经历快速发展的江西油茶产业,也到了产业转型升级关键时刻。赣州已经成功申报"赣南油茶"地理标志,我们建议要尽快建立该品牌的油茶种植标准、加工标准,建立山茶油全产业链的可追溯技术体系,整合全市质监、工商、农业执法、林业执法力量,加大抽查力度,建立黑名单制度、打击假冒伪劣茶油商品。下大力气淘汰一批品质差、品牌杂的加工小企业,从而推进赣州油茶产业

转型升级。此外,要建立品牌推广专项资金,突出生态特色,在网络媒体、新闻联播、高端报纸进行宣传。此外,要积极承办林业部"中国油茶节",创设"赣南油茶文化旅游节",支持企业将生产基地打造"油茶公园",打响"赣南山油茶"公共品牌。

3. 申报国家级油茶研究平台,构建油茶技术创新联盟

《全国油茶产业发展规划(2009~2020年)》提出,2009~2010年在广西、湖南、江西和浙江成立四个国家级油茶研究开发推广中心。到目前为止,2013年湖南省获批全国油茶工程研究中心;2014年,广西建立了国家级油茶种质资源库。然而,江西省还没构建一个国家级油茶创新平台。赣州市建立的江西省油茶产业综合开发工程研究中心,属于省级级别。因此,我们要尽快抓住国家支持老区建设的窗口期,由赣州市省级油茶中心联合江西农业大学等机构,协同申报国家级油茶研究中心,使赣州油茶深加工技术、油茶生产的机械化技术、茶油检测技术、油茶辅料循环利用技术等得到全面提升。另外,油茶研究机构要与中国林科院亚林研究中心(该研究中心在油茶育种栽培、油茶深加工技术等多方面处于世界顶尖水平)积极合作。一方面,大力培养油茶方面的博士,通过知识溢出效应,实现技术层面弯道超车。另一方面,积极促进其在油茶龙头企业中设立中试基地,促进油茶前沿技术在江西省最先转化。

4. 将油茶产业纳入国家精准扶贫项目,构建"国际油茶交易中心"

油茶作为我国重要的木本油料树种,适宜在全国18个省(市、区)生长,且有良好的群众基础,是实现精准扶贫的有效抓手。尽管国家和地方政府出台一系列鼓励和支持政策,但支持力度还够。为此,省政府应牵头,联合湖南、广西等油茶主产区向国家提出建议,将油茶产业列为国家精准扶贫项目,提高油茶新造林补助标准,扩大贴息贷款规模,提高群众经营油茶的积极性,切实维护国家粮油安全。

当前,浙江舟山正在积极谋划,希望抢占"国内油茶交易中心"地位,但尚处于刚刚起步阶段。笔者建议赣州市政府可利用国家支持苏区振兴发展的机会窗口期,凭借"赣州港"的偏利性,谋划建设"国际油茶交易中心",使赣州成

为国内外油茶原料和产品的价格指数中心。

5. 着力扶强油茶龙头企业，全力支持其转型升级

赣州对油茶产业的支持主要集中在对新造油茶林和低产油茶林的改造补贴上。这种产业补贴的方式涉及面广，有利于激发广大经营主体参与油茶林建设，但对油茶产业转型升级影响效果不佳。为此，笔者建议：首先，财政划拨油茶质量专项经费对生态油茶基地、油茶产业可追溯体系、油茶公园建设等方面进行支持，从而以质量提升工程促进赣州油茶产业转型升级。其次，创新油茶贷款产品。省农行已推出针对新造林的"金穗油茶贷"，效果非常好。实际上，赣州金融机构也可对油茶龙头企业下辖的中低产油茶林开展贷款，鼓励龙头企业将林权、油茶资产集合起来，以地方政府付息或担保方式，发行绿色油茶债券。最后，可向保监会申请，将油茶产业纳入政策性保险范畴，探索对龙头企业油茶价格和产量的保险补贴模式。

6. 通过多种渠道，加大资金投入

一是加大财政扶持力度。赣州市县各级财政要加大扶持力度，设立油茶产业发展专项资金，重点用于油茶良种苗木繁育基地和高产林基地建设，提高油茶造林补助和低改补助标准，新造油茶每亩补助增加到600元，并在投产前第2~6年每年安排100元/亩的抚育管理费用，使总补助达1100元/亩。二是加大金融支持。按照中央相关文件中关于"适当提高涉农贷款风险容忍度，实行适度宽松的市场准入、弹性存贷比政策；继续发展农户小额信贷业务，加大对种养大户、农民专业合作社、县域小型微型企业的信贷投放力度"的政策精神，根据油茶经营企业和大户的产业规模和实际需求，适当提高油茶贷款限额，满足油茶经营户的资金需求。鼓励运用奖励措施引导和激发更多的金融机构设立油茶林专项贷款。健全油茶贷款融资担保体系，搞好油茶林权评估、投融资信息中心等服务平台建设，设立油茶林专项保险，统一投保，为油茶经营企业融资提供更有力的保障；降低银行贷款门槛，允许油茶企业将油茶林地作为抵押物进行贷款。

7. 优化发展环境

一是规范收摘秩序。做到"三个到位"：宣传到位、巡查到位、督查到位。严厉打击提前进山收摘、偷摘抢摘行为，抓一两个典型在媒体曝光，在全省起到震慑和教育作用，确保油茶采摘按期开山。二是扶持企业发展。要像保护工业企业一样保护油茶企业，对重点油茶经营企业特别是招商引资的油茶经营大户和公司实行挂牌保护，凡是相关职能部门到油茶企业检查、收费的，必须实行报告、准入制。三是加强矛盾协调。油茶种植中出现的矛盾是多方面的，既有林农之间的林权、山权争议，又有油茶林周边环境的矛盾，但影响最大、利益诉求最强烈的则是油茶经营者与土地所有者之间的租金矛盾。但随着油茶产果期到来、效益日益显现，土地租金的低廉与油茶产出效益比差较大的矛盾也将随之产生。因此，建议建立弹性租金机制，每隔几年提高几个百分点来计算租金，确保双方利益。四是严防森林火灾。强化火源治理，尤其是清明扫墓期间，在林区尤其是油茶林区要加强防火宣传，提高全民防火意识，让防火意识深入人心，并化为自觉行动。在重要油茶林产区，修建防火带，防范意外火灾蔓延。

8. 强化科技支撑

一是良种育苗。要加大油茶良种选育、引进及推广力度，加快油茶良种繁育和苗木基地建设，实行油茶良种苗木培育定点准入制度，选育本地丰产性能好、品质好、出油率高的优良品种，逐步培育适合全省栽培的高产优质油茶品种。二是人才培训。开办一所高职或中职油茶专业人才学校，全方位培训油茶专业技术人才。同时开展户外教学培训活动，增强农村实用人才科技指导水平和专业技术才能。三是技术扶持。积极开展林户技术知识普及活动，大力推广油茶无系性繁殖、容器育苗盒嫁接技术、病虫害防治等配套管理技术措施，真正让广大林农掌握应用；技术人员要主动对林户进行跟踪服务，随时为林户排忧解难。四是低改垦复。老油茶林垦复难度大，人工作业劳动强度大。要着力实施以垦复为主的地产油茶林改造，采取专业合作社承包方式，推行专班作业，实行专业化、科技化垦复，加快垦复进度。五是林机推广。大力倡导和推广油茶生产机械化作业，扎实抓好林业机械作业推广和优惠政策宣传工作，按照品种布局建设，引进打药喷晒机、液压喷播机、挖掘机、整地机等实用的油茶耕种机械;鼓励和引导林农购买林业机械,逐步实行油茶机械化作业,降低劳动强度,提高生产效率。

第三节 赣南乡村旅游改革与实践——以大余县为例

近年来,大余县主动策应省委、省政府"绿色崛起"等16字方针及其"旅游强省"的战略部署,全面贯彻赣州市旅游振兴发展思路,围绕打造国家资源枯竭型城市转型升级示范县、国家生态文明先行示范县、中国最美乡村旅游目的地的战略定位,坚持把旅游作为扶贫攻坚的战略性支柱产业,牢固树立"抓乡村旅游就是抓未来发展先机"的理念,立足县情特点,大力发展乡村旅游,扎实推进旅游扶贫,逐步探索出了一条从"扶贫"到"富民"再到"强县"三位一体,从"农家乐"到"乡村旅游"再到"乡村度假"并向"美丽乡村生活"华丽转身的大余乡村旅游发展之路,逐步走出了一条从"一矿独大"、单一产业结构的"世界钨都"到资源枯竭的阵痛再到多业并举、多元支撑的经济转型升级之路。大余县被评为"中国最美绿色生态旅游名县""中国最美乡村旅游目的地"。2017年10月,全省乡村旅游和旅游扶贫推进工作会在大余县圆满召开,大大提升了大余在全省乃至全国的持久影响力和知名度。2018年上半年,全县实现接待国内外游客129.66万人次,其中境外游客5.4万人次,旅游总收入达6.08亿元,旅游创汇845.72万美元,分别比2017年同期增长32.56%、25.89%、34.06%、28.1%。

一、发展乡村旅游扶贫大有希望

1. 旅游扶贫在脱贫攻坚战中具有独特的优势

大余县旅游资源丰富、地势依山傍水、环境清丽秀美、文化原汁原味,具备发展旅游业的良好条件。近年来,大余县把乡村旅游作为"带一接二连三"的综合性产业,抢抓政策机遇,制定帮扶政策,推动乡村旅游和精准扶贫有机融合发展,让广大群众特别是贫困群众成为乡村旅游发展的参与者、受益者。据统计,全县共打造109个旅游扶贫产业基地,发展农家旅馆350家,农家饭馆586家,其中星级农家旅馆159家,餐位数17556个,床位数4649床,带动全县直接或间接劳动就业数3.5万人(其中带动贫困户就业数7990人,占总贫困人口的35%以上),贫困群众的旅游收入占家庭总收入的70%以上。旅游扶贫已成为全县最直接、最稳定、最全面、最持续、最生态的脱贫致富新路径。

2. 旅游扶贫投入小、门槛低、带动性强、覆盖面广

旅游业产业链长、产业面广,涉及吃、住、行、游、购、娱等。发展旅游业,个人投入小、就业容量大、门槛低、方式灵活,群众可以开农家乐、办家庭宾馆、卖当地特色产品等,大家的参与面广、受益面大,能充分调动人民群众的巨大潜能。如现在黄龙镇重点打造大龙山乡村旅游扶贫示范点、黄龙花木产业旅游示范园共2个扶贫产业基地。目前,两个景区共流转农民林地926亩,农田129亩,吸引周边100多户农户参与景区建设。两大景区周边新开农家旅馆15家,新开农家餐馆42家,与此同时,目前有10多户贫困户在景区周边销售本地农特产品和旅游纪念品,为贫困户的脱贫增收提供了渠道。

3. 旅游扶贫效果好、持续性强、返贫率低

旅游扶贫更多的是一种机会扶贫、能力扶贫,通过开发旅游资源,发展旅游业,为贫困人口提供就业、创业机会,增强他们的自我发展能力,最后通过自己的辛勤劳动脱贫,最终走上致富道路。大余县池江镇以兰溪彭坑陈毅旧居为中心,打造杨村至兰溪精准扶贫红色生态旅游线。该旅游线主要辐射池江村、庄下村、杨村村、兰溪村等5个村。通过建设景区提供务工岗位、流转土地和林地,引导农户种植蔬菜、开办农家餐馆、农家旅馆,发展观光农业等方式,带动11户贫困户20人脱贫。旅游扶贫不仅经济效果好,而且容易形成良性循环,持续性强。

4. 旅游扶贫有利于生态环境保护，建设美丽乡村

拥有良好的生态环境才能吸引游客，旅游业是"绿水青山就是金山银山"的最佳诠释。发展旅游扶贫，有利于促进生态文明建设、保护当地民风民俗，把民族沉淀的文化呈现出来。在大余县青龙镇元龙村依然保留着原汁原味的畲族文化，通过把乡村旅游和精准扶贫相结合，打造了元龙畲族乡村旅游点和河南村老其年农家乐共 2 个旅游扶贫产业基地，惠及当地农户 200 余户。下一步，在保护生态资源的前提下，将进一步充分挖掘王阳明历史文化遗迹规划，筹建阳明文化产业园，兴建阳明文化广场，吸纳本地和周边村的贫困户就业。

5. 旅游扶贫是就地扶贫，有利于促进农村的整体发展

旅游扶贫与外出打工脱贫、易地搬迁脱贫等不同，是一种既不离乡又不离土的就地扶贫。大余县丫山景区从 2015 年至今创造了近 2000 人的就业机会，现公司员工队伍中 90% 为当地农民，其中 20% 为全家人都在景区工作，另外 70% 为夫妻、兄弟、姐妹、父子、母女等血缘关系的员工在企业的不同岗位就职。并且每年公司都会给员工不同程度的岗位技能与职位素养方面的培训机会，以挖掘员工更多的潜能为企业与家庭创造财富。通过旅游扶贫，贫困群众就地脱贫致富，同时直接或间接地推动当地农村基础设施改善，改善农民的生活环境，提升贫困人口的素质，改变贫困村的整体面貌。

二、发展乡村旅游扶贫成效凸显

1. 统一思想，打造乡村旅游扶贫新载体

在设计理念上，大余县提出了"乡村旅游，让人们生活更加自然、更加美好"的宗旨，紧扣赣州市"国家生态旅游示范区"建设目标，注重乡村风貌、本地特色，注重生态保护、绿色优先，注重旅游扶贫、惠民为本，注重因地制宜、因村施策，注重优化空间布局和环境协调融合，坚持连点成线、以线带面推进，构建全域旅游发展新格局。在实施规划上认真贯彻落实《赣州市国家旅游扶贫试验区规划》，聘请国内一批优秀旅游规划设计公司，如深圳榜样规划公司、上海徐汇建筑规划设计研究院、浙江智典江山规划公司分别对大余县旅游总体规划、乡村旅游规划进行了修编及编制，高标准、高起点、大手笔整合和布局全县旅游资源，有利于指导旅游产业发展新格局的形成。与省旅游集团德安杰营销策划公司签订战略合作协议，高端旅游营销策划成为大余县旅游产业发展的重要环节。在开发建设上：一是突出山水记忆，坚持不填塘、不推山、不砍树、不拆房的"四不"原则，景点上铺设的木塑道都是沿山而铺，沿塘而走，沿河而架，遇树让路，遇田搭路；二是突出儿时记忆，景区景点内农家餐馆的菜以古法制作、土法种养为主，体现客家特色，具有浓郁的儿时风味；坚持就地取材、因势利导，注重修复老房子、古建筑，做到修旧如旧、保持原貌，改造成农家餐（旅）馆；三是突出文化记忆，挖掘"周程"理学、牡丹亭故事、百年钨都、千年驿道等各种丰厚文化底蕴，提炼文化精髓，修复传承载体，还原旧址风貌，让人放牧心灵，唤起美好回忆。许多来大余乡村旅游的人都说，在这里找到了最美乡愁、最美生态！

2. 多措并举，开辟乡村旅游扶贫新路径

旅游扶贫是具有很强造血功能的产业扶贫。乡村旅游是一项综合性产业，带动性强、辐射面广，对推进产业扶贫作用十分明显。因此，在规划景区时考虑农民，建设管理时吸纳农民，制定政策时支持农民。一是依托旅游公司，引导农民参与乡村旅游，就地转移，就近就业。采取"旅游公司＋农户（贫困户）"的方式，政府扶持旅游公司基础设施建设、提升景区功能，旅游公司与政府签订合同，在景区建设管理过程中，对贫困户实施"四个优先"：优先安排贫困户参与景区公路、水渠、度假酒店、游客服务中心等基础设施和服务设施建设；优先担任景区的管理人员、乡村导游、清洁员、保安员、服务员等；优先支持发展经营农家餐（旅）馆、农家超市；优先安排到景区内及周边的农家餐（旅）馆、农家乐当服务员、保洁员、帮厨员。二是依托旅游开发，帮助农民改造民居，流转田土，发展种养，获得稳定收入。景区内及周边的旧宅、空房，由政府按标准资助进行装饰，景区提供设施，扶持贫困户经营农家旅馆；结合土地确权、林地确权，引导缺乏劳动力的农户（贫困户）流转田土、林地，景区景点门票收入的

10%补助给土地流转户,属建档立卡贫困户流转田土山场的还能得到每亩100元的政府补助;扶持贫困户发展种养业,为度假酒店和农家餐馆供应生猪、鸡鸭鹅和蔬菜等农副产品30多种。三是依托电子商务,帮助农民推广旅游项目,推销土特产品。制定出台了《大余县电子商务产业发展实施意见》《大余县电子商务扶持办法》和《大余县电子商务扶贫专项实施方案》等多个文件,着力创建"互联网+乡村旅游电商示范县",打造"互联网+乡村旅游电商示范基地",建设了电子商务产业园、电商孵化园、电商创业孵化一条街、电商交易馆,在"1号店"成功申请"大余馆"上线运营。通过电商销售,既为符合条件的贫困户提供大量就业岗位,又大大增加了土特产品附加值和需求量,拓展了偏远乡村土特产品的销售半径,大余县的南安板鸭、多味花生、芋荷、酸枣糕等农副产品售价普遍提高30%以上,销量增长3倍以上,大量土特产品远销到东南亚等国家。四是依托乡村旅游,促进农民更新观念,移风易俗,提振脱贫的信心决心。抓住乡村旅游开发建设机会,充分挖掘乡村民俗文化,积极引导农户开展创评"文明礼仪村""文明礼仪户"活动,提升他们在卫生习惯、待人接物、餐饮水平、文化教养、自我管理、自我发展等方面的综合素质。如吉村的旁牌舞、右源山歌、香火龙、青龙龙狮涧传统武术,新城周屋的理学文化,左拔的采茶舞以及黄龙的舞狮等,都得到传承发扬,经常受邀到景区景点表演,既弘扬了社会新风正气,又提振了贫困户脱贫信心决心。

3. 精心组织,健全乡村旅游扶贫新机制

坚持发挥好"有形"与"无形"两只手的作用,促进乡村旅游蓬勃发展、充满生机。在政府引导方面,大余县坚持像抓工业化城镇化一样抓乡村旅游,实行高位推动,专门成立了由党政主要领导任正、副组长的全县推进乡村旅游建设领导小组,在每个点上还成立了项目建设指挥部,由县领导常年蹲点抓调度、抓协调、抓督促、抓进度。理顺了管理体制,成立了县旅发委,在每个乡镇都成立了乡村旅游发展办公室,由一名副科级干部担任主任,实现了职能、机构、编制、职数、经费"五个到位"。将乡村旅游建设工作纳入全县年度目标管理考核,建立了督查考评机制和奖惩通报制度,由县四套班子领导和专家对各乡镇乡村旅游示范点开发建设进行考评打分,对乡村旅游工作先进单位进行重奖,对全县排名倒数第一名的乡镇实行评优评先"一票否决"。开展乡村旅游品牌的创建活动，对评为"全国休闲农业与乡村旅游示范点"、省5A、4A、3A级乡村旅游点和星级农家旅馆的，由县财政给予奖励。同时，注重加强乡村旅游住宿、餐饮、营销、传统技艺等各类实用人才的培养，开展了讲解员评选比赛和培训活动，全方位提升乡村旅游从业人员整体素质，促进乡村旅游可持续发展。在市场主导方面，大余在景区景点融资、经营、管理、服务等方面，都实行市场化运作。比如，组建了旅游产业招商小分队有针对性开展旅游产业招商，引进江西省大余丫山艾哆乡村事业发展有限公司打造丫山乡村生态旅游示范园项目、大余县仁龙旅游开发有限公司开发丫山飞龙峡谷漂流、广东德福鑫控股有限公司建设大余县万马生态休闲度假项目；组建了县旅游投资公司进行融资，探索推行动产抵押、权益抵押、林权抵押、土地使用权抵押、门票和经营管理权抵押等六种融资担保形式，着力解决乡村旅游资金难题；探索采用PPP、BF等模式，引入社会资金、民营资金参与景区建设。目前，全县有乡村旅游大中型经营户218户。在经营管理方面，通过组建旅游公司、旅游协会、理事会、个体承包等方式，对景区进行后续运营管理。在宣传营销方面，为加快实施联盟宣传活动，进一步提高联盟品牌影响力，初步完成《赣州西部旅游三年营销推广战略策划方案》，为今后三县联盟形象推广和提升工作指明了方向。2016年年初，协助丫山举办"路虎情兄弟缘"广东路虎车友2015年度峰会，吸引了以广州、深圳为代表的三支华南路虎俱乐部近60辆路虎车的车队齐聚丫山。3月，邀请江西二套都市栏目组赴大余县丫山景区拍摄录制《丫山：美丽江西农村样板》特别节目，对大余县特色旅游资源、精准扶贫成效进行大篇幅报道。5月，先后参加赣州市第一届旅游博览会和厦门市第十二届海峡博览会，进一步提升大余县旅游品牌在全国的影响力。

三、发展乡村旅游扶贫问题不少

1. 规划滞后，水平不高

全县旅游总体规划编制时间较早，已难以适应当前旅游经济大发展的需求，对全县旅游的科学发展指导性不强。虽然经过近几年的发展,但是大余县乡村旅游产业规模仍然偏小,乡村旅游点中成熟型、规模型、精品型景区较少。

2. 缺乏投入,后劲不足

乡村旅游点建设一半以上都是政府投资,缺乏民间资本进入;政府全导,模糊了政府的宏观调控作用。只有大龙山、南安镇、浮江乡明确了经营主体,其他都是政府投入,涉及后期的运营和管理存在问题。

3. 缺乏融合,活力不够

乡村旅游不能理解为是一种纯粹的农业资源开发,而要与区域内其他旅游资源、旅游景点的开发、农村扶贫工作结合起来,以形成资源共享、优势互补、共同发展的格局。大余县乡村旅游点吸引游客的"乡村内容"差异性小,存在"千篇一律"现象;部分景点虽历史底蕴浓厚,但文化氛围欠缺;有些景点项目单一,季节局限性明显,分散了游客团体。

4. 缺乏人才,素质不强

人才问题是旅游产业发展至关重要的因素,现阶段大余县旅游业领军型的人才、高层次的人才比较缺乏,特别是大余县乡村旅游点讲解员职业化水平和整体职业能力还不够强。旅游人才匮乏,旅游培训机制和留人机制不能满足旅游产业迅速发展的需要,影响旅游产业的快速发展。

5. 缺乏规范,质量不高

根据调研发现,新城镇、黄龙镇等几个乡村旅游较发达的乡镇,从事乡村旅游的经营户大多数都是本乡人员,没有经过任何专业培训,热情服务、规范服务、个性服务意识全无,看见其他农户经营有了成效,就盲目追随,大多都是家庭式经营,从老板到服务员都是家里人,严重影响服务质量,很难适应旅游市场竞争需求。

四、发展乡村旅游扶贫任重道远

1. 抓规划，上水平

为真正实施"旅游名县"战略，实现大余旅游的快速发展，把旅游扶贫落到实处，首先，要转变观念，大胆创新，着力在全县形成"人人谈旅游、个个促旅游"的浓厚氛围，使大余旅游真正成为全县一道活色生香、津津乐道的美味佳肴。其次，立足文化旅游"新感觉、新体验"，聘请国内顶级旅游规划设计公司对大余县旅游总体规划、各景区详细规划进行新一轮修编，对大余县旅游进行一次高水平策划，力求做到"起点高、文化浓、感觉新"。着力打造风格各异的"旅游小镇"。一是设立文化村。借鉴历史古迹、古典园林、宗教文化、民俗风情、文学艺术等元素提升文化的层次感。例如，新城镇周屋村的理学文化，如历史名人塑像、家族历史展示、当地传统习俗实物化、文化墙、老人讲述历史等。二是开发生态村。大面积引进当代科技、现代农业生产等技术提升景点的观赏性。例如，黄龙镇苗木基地有路边小木桩、扶手展示（"花"的特色）、品种花木（丝袜花、泡沫花、塑料花木等）、花木艺术品（花盆、插花、苗木修剪、花茶）、欧式建筑（观占道和凉亭）、种植基地体验。三是打造特色村。充分利用呈现的新概念和新理论（游居、野行、居游、诗意栖居、第二居所等），缓解千篇一律的现状。具体可通过规范民宅外立面及院墙设计，充分利用现有农村资源（池塘、水流、老树、古井、木栈道等）打造符合当地主题的人文景观。例如，青龙镇畲族文化，通过规范民宅外立面设计，利用学者的高尚品格设计带有畲族浓厚文化院墙，善用畲族部落中著名的历史人物故事来丰富风景墙的内容。

2. 抓投入，增后劲

旅游业是开放性、包容性、竞争性特征鲜明的产业，必须充分发挥市场配置资源的决定性作用，鼓励各类社会资本公平参与旅游业发展，鼓励各种所有制企业依法投资旅游产业。一是按照现代企业制度要求，加快县旅游投资发展有限公司组建步伐，发挥其统筹市场开拓、市场融资、资源开发的作用，同时大力发展旅游地产、旅游银行，最大化激活投资的洼地效应。二是建议县委、县政府尽快出台《关于鼓励民间资本投资乡村旅游的政策》，具体可参照招商引资优惠、奖励办法，拓宽融资平台，采取政府引导、民间资本为主的投资模式，探索一条"双方长期受益"的发展道路。早期可由政府投入，后期应由公司经营，完善配套设施，带动当地群众致富。三是整合县新农村建设、水利、林业、扶贫、民政、交通等项目资金，优先用于景区和各乡镇乡村旅游示范点的基础设施建设，加大产业发展、精准扶贫等投入。

3. 抓政策，激活力

在旅游项目用地上，优先安排用地指标，保证旅游建设土地供用。在资金融资和补助上，鼓励县内金融机构向各旅游企业、旅游创业者发放贷款；对依托旅游景区发展农家旅馆（农家乐）的贫困户，县财政给予实物补助；对贫困户通过网络开展乡村旅游相关营销活动并正常更新运行1年以上的，给予营销补贴。在税费减免上，给予旅游企业减免营业所得税和建设中所产生各种税，实行所有行政事业性零收费。在基础设施补助上，对景区进行的景点建设、安全设施建设等给予一定比例的补助，鼓励企业进行基础性投资；对县内三星级以上旅游饭店、3A级以上景区、度假区，实行用水、用电价格优惠。在旅游商品创新补贴上，鼓励企业进行旅游工艺品技术创新，实行单独的技术创新补贴；对旅游企业纳税达一定额度的予以大幅度减免等，同时鼓励采取"公司＋农户（贫困户）"方式开办旅游商品制造加工企业，对吸纳贫困户达到一定比例的，按贫困户从企业实际获取年工资的一定比例予以一次性补贴。

4. 抓培训，强素质

加强旅游人才队伍建设，建设以旅游行政管理人才、旅游经营管理人才、旅游专业技术人才等为核心的人才队伍体系，健全激发创新、创业的旅游人才制度。加强旅游管理干部队伍建设，重视对旅游干部的选拔、教育和培养，适当安排旅游行政管理干部到上级部门或知名景区挂职学习。聘请全国知名的旅游策划、开发、营销等方面的专家为大余县旅游发展顾问，邀请他们定期来大余县授课。开展国学教师培训计划，鼓励各民间团体开展中小学学生国学培训。鼓励引进旅游高级规划人才、高级导游、旅游高级管理人才，实施旅游从业人员全员培训计划，支持梅关中等职业学校招收旅游专业学生。

5. 抓规范，提质量

加强规范管理，提升乡村旅游产品质量。一是建立健全乡村旅游扶贫管理体系。把乡村旅游扶贫纳入农村扶贫开发法律法规管理体系，实现乡村旅游扶贫"粗放式管理"向"依法扶贫"规范管理转变升级。二是建立和完善乡村旅游扶贫项目资金申报审批、管理使用、检查验收等制度，明确乡村旅游扶贫资金支持的对象和范围，建立扶贫、旅游、市场监督、卫生等相关部门管理服务联席制度。三是走专业合作化道路。以村为单位成立乡村旅游扶贫专业合作社，发挥其在市场开拓、质量管理、教育培训、价格管理、投诉处理、利益分配等方面的作用。通过"合作社+示范户"的模式，实行标识标牌、星级评定、收费标准、客源分配等"四统一"规范运行管理。四是强化从业人员培训。整合旅游、人力资源、教育、文化等培训资源，开展经营管理、食宿服务、接待礼仪、传统技艺、导游解说、文艺表演、市场营销等技能培训，逐步提高乡村旅游人才的整体素质。

第四节 "信贷通"促进赣州农业产业振兴的实践

近年来，赣州市创造出产业"信贷通"模式，该模式发挥了财政性资金的杠杆作用，以1抵8，大大提升了财政资金在产业扶贫中的使用效率，使精准扶贫贷款年增加30%，从而充分惠及新型农业经营主体，带动广大贫困户脱贫致富。然而，在产业扶贫"信贷通"运行过程中，还存在农业产业经营风险缺乏防范机制、经营主体存在较大违约风险、贫困户获得感不强、贫困户利益存在被侵占的风险等一系列问题和隐患。要完善产业扶贫"信贷通"模式，可从嵌入农业保险，形成"政府+农业保险+银行+合作社+贫困户"模式，大力培育创业型新型职业农民，完善银行贷款管理机制，完善"合作社+贫困户"利益机制等方面展开。

赣南多为集中连片贫困山区，贫困人口比例远高于其他地区，脱贫任务十分艰巨。2016年，江西全省约贫困人口113万，而赣州有58万贫困人口，占比超过50%。要拔掉"穷根"，归根结底还是要发展产业，以产业带动贫困户致富。然而，发展产业的关键是需要有资金注入。如果不进行政策支持，贫困地区资金流向会出现"马太效应"。赣州地区创造产业扶贫"信贷通"模式，有效地降低银行放贷风险和成本，但该模式也存在不少问题，值得警醒和深思，也需要克服和完善。为此，我们多次前往赣州市进行调研，完成报告如下：

一、产业扶贫"信贷通"模式的成效

2013年以来，赣州市实施了"财园信贷通""小微信通""创业信贷通""财政惠农信贷通"。在此基础上，2015年推出产业扶贫"信贷通"，通过市财政筹集10亿元设立风险缓释基金，撬动80亿元银行资金发放"产业扶贫信贷通"贷款，用于发展蔬菜、刺葡萄、茶叶、白莲、烟叶、生态鱼、甜叶菊、芳香苗木等地域特色明显、见效快、可持续的种养殖业。2016年，赣州市又获批设立300亿元的赣南苏区振兴发展产业投资基金，进一步增加了产业扶贫"信贷通"资金池的规模和总量。

1. 精准扶贫贷款规模迅速增加

产业"信贷通"模式发挥了财政性资金的杠杆作用，以1抵8，大大提升了财政资金在产业扶贫中的使用效率，放大了其在产业扶贫中的作用。2016年底，赣州市金融机构发放金融精准扶贫贷款219.92亿元，其中产业信贷通发放贷款78.56亿元，贷款金额占总贷款的36%。农业银行江西赣州分行涉农贷款净增25亿元，增速20%，发放"产业扶贫信贷通"贷款12.3亿元，支持建档立卡贫困户2.33万户。

2. 惠及农业经营主体和贫困户数量迅速增加

截至2016年12月末，已有14.84万新型农业经营主体和贫困户受到信贷通的支持。特别是产业扶贫"信贷通"正式颁布后,由于金融扶贫对象逐渐由工业园、小微企业向新型农业经营主体和贫困户政策倾斜,所以2015年和2016年惠及"信贷通"户数增长户数远超前两年。

3. 极大地降低银行放贷风险

根据调查,首批参与产业扶贫"信贷通"的5家银行对该项业务满意度较高,逐渐形成商业银行积极参与的竞争局面。大部分试点银行希望进一步提高产业扶贫"信贷通"业务指标,江西赣州分行希望2017年发放20亿元的产业扶贫"信贷通"资金,比2016年增加30%。

4. 极大地降低新农贷款成本

瑞金绿野轩林业有限公司通过"合作社+贫困户"的形式,吸纳了49户贫困农户参与油茶种植,符合"银政扶贫信贷通"的贷款条件,得到了农行的信贷支持。总经理朱志强算了一笔账,2017年公司在某金融机构贷款270万元,仅评估、登记、保险等费用就超过了10万元,这次在农行贷款1000万元,仅这一项就减少开支2.30万元,还不包括利率上的优惠,而且贷款的成本也降低了很多。因此,产业扶贫"信贷通",架设了金融服务对接小额农贷新型农村经济组织信贷需求的便捷桥梁,有效地降低了贷款的成本。

二、产业扶贫"信贷通"机制的运行中存在的问题

1. 产业经营风险问题

实际上,在产业扶贫过程中,地方政府面临的一个重要问题就是产业风险问题。例如,在赣州多县调研发现,许多乡村开始建造蔬菜大棚,所种蔬菜品种差异不大,高科技含量也不足,产品同质化严重。赣南山区大部分青壮年外出打工,留守老人种菜自给自足,大棚蔬菜自销压力很大。兴国县将某扶贫蔬菜项目牵线中小学营养午餐,有效地解决了部分蔬菜销路问题,但其他大棚蔬菜怎么办?农业是典型的弱质产业,其面临的自然风险和市场风险非常高,如何化解产

业扶贫中经营风险是未来贫困地区地方政府可能的面临一大问题。此外,由于农产品同质化严重,"谷贱伤农"悲剧不停在上演。随着产业扶贫"信贷通"推进过程中,个别地方出现了"盲目放贷"的倾向,农业扶贫项目出现了快马加鞭、"村村点火、户户冒烟"现象,地方政府一定要谨慎,要把握好速度与质量之间"度"的关系,尤其要考虑到产业经营失败后又会引发出许多新问题。

2. 经营主体还贷违约问题

赣南地区农业龙头、农业合作社、家庭农场等新型经营主体不多,许多农业新型经营主体经营基础差、经营能力不强、经营资产薄弱。在调研中,某金融机构基层主管透露说:"由于有了政府缓释资金兜底,我们胆子更大一些了,说实在的,许多项目根本不行,为完成上面贷款任务,只好贷了。"在调研农业经营主体时,有多个合作社社长坦诚地说:"贷款有国家政府'兜底',我们不怕。"有部分经营主体甚至私下里讲,"本来就不打算还贷"。实际上,在某县调研过程中,我们发现某油茶项目贷款金额非常大,远远超过抵押物总价值,风险之大,很容易判断。显然,在推行产业扶贫"信贷通"过程中,经营主体还贷违约问题是一个需要高度重视问题,切不可掉以轻心。

3. 贫困户利益保障问题

赣南产业扶贫"信贷通"模式中,出现了多种模式,但"合作社+贫困户"和"农业企业+贫困户"的合作模式是两种主要模式。这两种模式基本思路是,在发展产业过程,带上贫困户,贫困户通过分享产业收益实现脱贫。赣州市赋予每个贫困户5万元无息贷款权利,贫困以该权利入股。一般情况下,贫困户是弱势群体,在与合作社或农业企业博弈中处于不利地位。调研发现,许多贫困户无法直接了解和获取合作社或农业企业的运营情况及资金收益等,而部分合作社或农业企业出现少分甚至不分红给贫困户的现象,由此也产生一些冲突和纠纷。有的合作社或农业企业经营失败,无法兑现给贫困户分红和其他收入。大部分合作社在前期(2~3年)经营中,没有利润,导致贫困户也难以获得稳定收益,致使产业扶贫的目的无法实现。

4. 贫困户获得感问题

赣南产业扶贫"信贷通"的目的是通过为特色农业发展注入资金，帮扶贫困户参与产业发展，并获得持续性收入。但在调研中发现，部分贫困户的确存在对产业"信贷通"扶贫政策获得感不强问题。首先，部分贫困户说不知道有 5 万元贷款权利，这说明该扶贫政策宣传还不到位，贫困户没有享受充分的知情权。其次，许多贫困户希望自己充分使用 5 万元贷款，发展小规模种养，自主创业。但许多地方政府害怕其不能还贷，要求其以加入合作社和公司的形式，通过共同谋发展分收益，实现脱贫致富，这实际上剥夺贫困户 5 万元贷款的使用权。实际上，有一部分贫困户是有能力、有体力、有意愿进行创业，应该将他们培育成新型职业农民。

三、进一步完善赣南产业"信贷通"的建议

1. 引入农业保险，降低农业产业扶贫风险

近年来，我国农业保险已经形成了"中央保大宗、保成本，地方保特色、保价格"的基本格局。农业保险发展对降低农业产业经营风险发挥了巨大作用。首先，赣州市政府在推进产业扶贫"信贷通"模式中，要嵌入农业保险，形成"政府＋农业保险＋银行＋合作社＋贫困户"模式。其次，由于产业扶贫"信贷通"支持的农业产业几乎都为特色农业，符合地方农业保险支持范围。因此，赣州市要将蔬菜、刺葡萄、茶叶、白莲、烟叶、生态鱼、甜叶菊、芳香苗木等地方特色农业纳入政策性农业保险的范畴，对特色农产品价格保险进行部分补贴，降低农业经营者保险成本。最后，赣州市要协调好农业经营者与农业保险公司的关系，积极探索特色农业保险产品，如探索脐橙价格保险或气象指数保险等。

2. 培育创业型新型职业农民，增强产业扶贫动力源

创业型农业"能人"是赣南地区的"稀缺资源"。各地实施精准扶贫的实践证明，扶持好一名"农村致富带头人"就能带动一批贫困农户脱贫致富，大大

提高精准扶贫的成效,因而要大力选拔和扶持好"农村致富带头人",培养一批农业职业经理人,充分发挥他们的脱贫致富带头作用。首先,地方政府应该搭建平台,组织各种培训,帮助农业龙头企业主、合作社社长、家庭农场主参与到管理和技术培训中,如与高校合作,举办新型职业农民培训班,邀请行业专家进行专题讲座等。其次,利用对口支援项目,搭建其与高校和科研机构的沟通桥梁,积极对接种养专家,形成专家与农业经营主体"一对一"服务模式。最后,搭建交流平台,配合"一带一路"倡议,组织新型农业经营主体出国和外出交流学习考察,从而不断提升创业型新型职业农民素质。

3. 完善贷款管理机制,降低新型经营主体的还贷风险

为降低新型经营主体的还贷风险,一方面,银行实施分期分批、小规模多批次的贷款策略。银行对合作社抵押资产进行合理评估,第一次贷款规模不应超过抵押资产的80%。但应保持密切联系,发挥基层村组织和扶贫办监督作用,充分了解经营状况,多批次、小规模地增加贷款。另一方面,将经营主体还贷风险与基层村组织利益挂钩。如出现违约还贷,将扣除村组织奖励绩效和扶贫贷款额度。这样就使得基层村组织负有连带责任,实现"共跻监督",最终降低还贷风险。此外,还应对信誉良好合作社的加大激励力度。在合作设计时,对信誉好的合作社给予提供贷款额度、延长贷款期限、利率优惠等方面的政策优惠,激励合作社履约守信。

4. 形成脱贫攻坚合力,提升产业扶贫实效

针对在产业"信贷通"落实中存在个别贫困户不知情、部分贫困户获得感不强等问题,要求赣州市政府进一步落实好责任,形成脱贫攻坚合力。一是建立赣州市抓协调、县为主体、乡村落实、部门配合的脱贫攻坚工作机制,层层签订《脱贫攻坚责任书》,逐级传导压力、落实责任,形成横向到边、纵向到底的责任体系。二是制定帮扶干部入户记录、帮扶计划、农户每月收支数据,从而使各级干部将脱贫攻坚的责任牢记心里、担在肩上、形成合力。三是完善激励制度,提高干部和企业在产业扶贫中积极性,对完成产业扶贫"信贷通"工作目标的部门和单位进行绩效奖励,对在产业扶贫"信贷通"发挥重要作用、工作兢兢

业业的干部进行表彰和宣传，对履约良好的新型经营主体给予奖励。

5. 完善"合作社+贫困户"利益机制，确保贫困户的收益

赣州市政府在推行产业扶贫"信贷通"过程中，要坚决给予贫困户贷款权力的选择权，切不可"越俎代庖"替代贫困户选择加入合作社，要鼓励有能力的贫困户自主创业，通过创业实践，提高其生存能力。如果贫困户的确无能力、无意愿自主创业，要推荐其加入扶贫合作社，要不断完善"合作社+贫困户"利益机制，逐步形成一套确保贫困户收益的基本模式，要求合作社尽量吸收贫困户以债权或股权形式投入，要求有确保贫困户的最低受益保障的条款和措施。如曾屋合作社推行，明确支持贫困户以土地入股，保障其 4000 元的年收益。以 5 万元贷款额度入股，保障每月最低收入 600 元（无论项目是否盈利），并优先安排贫困户参与劳动，获得部分劳动收入。

第五节 赣州市"互联网+农业"创新与实践

江西在积极推进"互联网+农业"的过程中，形成了"123+N"的发展模式，取得可喜的成绩。赣南山区农业发展水平落后，在推进"互联网+农业"过程中存在新型农业经营主体参与的主动性不强、高素质的"互联网+农业"人才偏少、政策支持力度不足、政府"越位"和"缺位"的问题。我们在调研和解剖"案例"的基础上，结合赣南发展基本情况，提出推动赣南"互联网+农业"发展的几点建议。

一、江西省"互联网+农业"发展模式

"互联网+农业"指的是运用互联网技术从计划、生产、销售、服务、金融各环节改造、优化、升级传统农业产业链，重构产业结构，提高生产效率的生产方式。实际上，"互联网+农业"涵盖了生产智能化、管理信息化、产品可追溯

化、销售电商化、基地物联化等核心内容。

从 2015 年开始，江西省农业厅根据农业部关于推进"互联网＋农业"的总体要求及精神，结合江西基础条件，提出了"123＋N"总体框架。其中，"1"即以农业数据云作为大脑核心，对海量数据进行集中处理储存、搭建行业数据汇集渠道，实现数据互联互通，形成江西农业大数据，统领各平台正常运行；"2"即以农业指挥调度中心、"12316"资讯服务中心为依托，全面提供指挥调度、观摩演示、农情会商、特色资讯等保障服务；"3"和"N"即以农产品电商、农业物联网、农产品质量安全追溯平台和"N 个系统"为建设重点。"N 个系统"涉及种植业、养殖业及 OA 无纸化办公、农业综合执法、农业技术服务等子系统。

显然，江西"123＋N"模式充分体现了"互联网＋农业"的核心内容，并形成了一定特色。《国务院办公厅专报》《农业部信息监测与研究简报》《人民日报》《人民邮电报》、央视《新闻联播》、中国新闻网等先后对江西"互联网＋农业"模式予以报道。

二、赣南在推进"互联网＋农业"发展存在问题

1. 新型农业经营主体参与"互联网＋农业"的主动性不强

根据农业部《"互联网＋"现代农业三年行动实施方案》精神，各地要着力推进物联网体系建设和农产品质量可追溯体系建设。赣州计划在多个地方打造农业物联网示范区。但在调研中，我们发现许多农业龙头企业、农业合作社等农业经营主体参与物联网体系建设和农产品质量可追溯体系建设的主动性不强。为完成工作目标和任务，个别地方政府还采用部分行政式的手段，强制推行物联网体系和农产品质量可追溯体系建设。目前，许多农业企业和农业合作社对物联网技术和农产品质量安全可追溯体系的重要性认识不足，不愿意对此进行设备投资和专业人员培训。

2. 电商平台与农业物联网、农产品可追溯技术体系尚未有效融合

自阿里巴巴集团实施"千县万村"战略以来，农产品网上交易量增长迅猛，

"淘宝村""淘宝县"纷纷在各地涌现。由于赣农宝网络平台知名度不高,网络平台流量非常低,许多上架商品也无人问津,客服人员常常不在网上。大部分平台上农产品上线半年尚未有销售记录,农产品经营者未能从该平台获利。

3. 体制机制因素制约了"互联网+农业"快速推进

推进"互联网+农业"是一个系统工程,涉及农业、林业、国土、商务、质量技术监督、发改委等许多部门。当前,我国还没有形成一个高规格的"互联网+农业"推进工作小组,这项工作由农业部牵头实施。实际上,在具体协调过程中,还存在一些体制机制障碍问题,如权力和责任主体不一致、不匹配,责任分工归口不清晰,开发信息系统和信息端口技术标准对接等问题。由于不同部门对"互联网+农业"战略重要意义认识不同,导致对该战略推进速度和程度看法不一致,从而耗散了"互联网+农业"战略推进的协同效应。

4. 农业经营体的素质难以满足"互联网+农业"需要

笔者在赣南调研中发现,许多农业龙头企业、合作社、家庭农场创新意识还不强,约40%的农业经营者不清楚"互联网+农业"的内涵。愿意主动了解"互联网+农业"相关知识的农业经营者不足60%。愿意承担风险、主动参与互联网+农业"建设的新型农业经营主体不足10%。应该说,许多新型职业农民群体依然抱有"小富即安"的思维。可以看出,我国农业经营主体的素质难以满足"互联网+农业"的需要。

三、进一步推进赣南"互联网+农业"的对策建议

1. 将"互联网+农业"项目列入财政专项,加大支持力度

建议将"互联网+农业"项目列入我国财政支持项目,设立可追溯和物联网平台建设专项,统一招标购买农田摄像头和感应元件,统一端口对接标准,确保企业能够低成本嵌入可追溯和物联网体系,保证数据融通和共享,从而提升企业参与"互联网+农业"的积极性。

第五章 赣南苏区乡村产业实践与探索

此外，还要整合其他涉农政策对"互联网+农业"项目予以特殊支持。如协调商务部门出台支持益农社电商的计划，发改委要大力支持将"互联网+农业"项目及其衍生项目列 PPP 重大项目，出台"互联网+农业"项目的产业支持政策和优先用地保障计划相关文件。

2. 注重实效，从产业链视角推进"互联网+绿色水稻"试点

赣南粮食主产水稻，发展高品质绿色生态水稻是粮食种植生产发展方向。随着水稻农田基础设施不断完善，许多具备一定实力的新型粮食生产经营主体具有较强烈的品牌建设愿望。建议赣州市选择一些条件较好的水稻生产专业大户、家庭农场或合作社试点，参与"互联网+绿色水稻"试点建设。重点是鼓励其参与可追溯体系、物联网体系和大数据建设，并集中力量统一安装摄像头和感应元件，同时积极将推动与阿里巴巴合作，实现与农业电商有效融合。在此基础上不断总结经验，推进"互联网+特色农业"发展，如"互联网+脐橙""互联网+苹果"等发展。

3. 发挥特色农业优势，推动"互联网+农业"特色农村试点

2017 年，农业部出台了《关于开展农业特色互联网小镇建设试点的指导意见》。在全国范围内试点建设、认定一批产业支撑好、体制机制灵活、人文气息浓厚、生态环境优美、信息化程度高、多种功能叠加、具有持续运营能力的农业特色互联网小镇。应该说，推进农业特色互联网小镇建设，有利于带动"互联网+农业"发展，是驱动乡村振兴发展的"新动能"。但这项政策面向乡镇，不是农村。笔者认为，农业产业主要在农村，要将这项政策进一步下沉，以"互联网+农村"特色农村为建设对象，将物联网农业、可追溯农业、认购农业、休闲农业、健康旅游作为"互联网+农业"特色农村建设重点。要下大力气做好"互联网+农业"特色农村规划，打破资本、人才等要素下乡体制障碍，建成一系列有影响力乡村振兴示范点。

4. 出台"互联网+农业"人才培育计划，促进其创新创业

一方面，赣州市政府要整合新型职业农民培训经费，设立"互联网+农业"

人才培育专项计划，对有潜质的新型农业经营主体带头人和青年农场主就"互联网＋农业"进行专门系统性培训，包括邀请行业专家对"互联网＋农业"发展趋势预判，对"互联网＋农业"案例讲解，组织学员考察"互联网＋农业"示范点。另一方面，要整合社会保障部门有关小额贷款经费，将新型职业农民创业活动纳入其支持体系，尤其对参与"互联网＋农业"的新型职业农民进行重点支持。

5. 构建"互联网＋农业"创新平台，推进政产学研用一体化发展

赣州市要积极谋划"互联网＋农业"创新平台建设。赣州市政府部门可与中国农业大学、中国农业科学院等高校合作，积极推进建设农业大数据研究中心、"互联网＋农业"案例库建设等。"互联网＋农业"创新平台要与阿里巴巴研究院合作，要以农业大数据的应用为基础，吸引社会资本投资水稻、小麦等种植业，生猪、牛、羊等养殖业，渔业，油茶业，茶业，农业休闲旅游等产业项目。

第六章　赣南苏区生态振兴实践与探索

第一节　赣南县域生态扶贫试验区探索
——以崇义县为例

一、生态扶贫试验区是习近平生态扶贫思想指导下实践成果

生态扶贫是习近平同志精准扶贫思想的重要组成部分，其核心是坚持扶贫开发与生态保护并重，采取超常规举措，通过实施重大生态工程建设、加大生态补偿力度、大力发展生态产业、创新生态扶贫方式等，切实加大对贫困地区、贫困人口的支持力度，推动贫困地区扶贫开发与生态保护相协调、脱贫致富与可持续发展相促进，使贫困人口从生态保护与修复中得到更多实惠，实现脱贫攻坚与生态文明建设"双赢"。习近平思想深刻阐述了"绿色"与"共享"两大发展理念，这也是习近平生态扶贫思想的实践指南。在第十八届中共中央第五次全体会议上，党中央提出了创新、协调、绿色、开放、共享的新发展理念，生态扶贫试验区的建设是习近平生态扶贫思想指导下制度创新。

二、崇义生态扶贫实验

崇义是一个典型的山区林业县,全县林地面积269万亩,占总面积的89.3%,其中生态公益林94万亩、商品林175万亩;森林覆盖率88.3%,位居全国县级第一;活立木蓄积量1400万立方米、毛竹1亿根,位居全省首位。在推进脱贫攻坚中,崇义县充分发挥生态环境好、林业资源丰富的优势,大力推进生态扶贫,探索了一条保护、开发与扶贫并行的生态扶贫新路径。

1. 实施"三项工程",拓宽贫困户增收渠道

一是实施生态产业扶贫工程。落实"五个一"(选准一个产业、打造一个龙头、创新一套机制、扶持一笔贷款、提供一套服务)产业扶贫机制,先后投入3亿元,重点支持发展刺葡萄、南酸枣、蔬菜、脐橙、油茶、毛竹、养蜂七大特色扶贫产业。截至2018年2月,全县已发展刺葡萄0.83万亩,带动贫困户4000户;油茶3.25万亩,带动贫困户2140户;蜜蜂1.05万箱,带动贫困户1120户;低改毛竹林10万亩,带动贫困户1250户;脐橙4.6万亩、蔬菜2.8万亩、南酸枣1万亩,带动贫困户2290户。二是实施生态补偿扶贫工程。2017年兑现生态补偿资金67.2万元,全县有990户2800名贫困人口享受了生态公益林补偿,人均增收240元,生态效益和贫困人口经济效益同步增长。同时,积极向上级争取安排150万元生态护林员管护资金,将解决150名贫困户人员就业。三是实施森林质量提升工程。把森林质量提升与脱贫攻坚紧密结合,整合扶贫和低质低效林改造项目资金,优先安排贫困村、贫困户林地改造。鼓励造林大户、公司企业、国有林场按照自主自愿的原则承租、购买贫困户林地,增加贫困户资产性收入,并通过吸纳贫困户参与造林绿化和低质低效林改造工作,增加贫困户务工收入。2017年,全县有68户贫困户新造林930.3亩,兑现新造林补助18.6万元。

2. 抓好"三类示范",打造生态扶贫品牌

一是产业基地示范带动。通过政策扶持、资金支持,打造了一批上规模、上效益、带动能力强的生态产业扶贫示范基地,示范带动全县生态产业快速发展。

目前,全县建设规模生态林业产业基地46个,总面积8000亩,覆盖了全县16个乡镇,直接带动受益贫困户近2200人。如扬眉寺葫芦洞南酸枣精准扶贫产业基地采取"企业+科技+基地+贫困户"的模式,通过"要素入股""务工就业""土地租赁"等方式,直接带动20多户贫困户增收脱贫,并辐射带动全镇新种南酸枣1000多亩,带动75户贫困户受益。二是龙头企业示范带动。全力扶持"齐云山食品公司""君子谷"等一批规模较大、发展潜力大、辐射带动能力强的林业龙头企业,大力推广"龙头企业+基地+贫困户"的林业经济经营模式,走产业化经营之路,带动更多的贫困户发展订单经济。如江西永乐林源公司采取"贫困户以补助资金折股金与企业合作"的形式,直接带动贫困人口22户68人。三是科技园区示范带动。在阳岭保护区内新建以竹林经营培育科技推广、试验为主,集旅游观光、笋竹和林下产品生产于一体的科技示范园区,总面积达2000亩,为全省规模较大、功能齐全、经营管理水平较高的综合性园区。目前,科技园内的笋产量突破1300斤/亩,每亩实现产值3500元以上。在毛竹科技园的辐射和示范带动下,全县低改毛竹林10万亩,带动贫困户1250户,近2万户林农参与发展林下经济。如乐洞乡每个村均建设了一个50亩以上的吴茱萸种植基地,全乡已发展吴茱萸种植320亩,带动贫困户53户。

3. 创新"三种模式",增强绿色发展后劲

一是创新生态旅游新模式。大力实施全域旅游发展战略,以推进全县大景区建设为契机,充分利用森林生态资源禀赋,依托阳明山国家森林公园、齐云山国家级自然保护区、上堡客家梯田、君子谷野果世界、阳明湖国家湿地公园等重点景区旅游资源,着力打造环阳明山旅游聚集区、上堡—齐云山旅游聚集区、阳明湖峡湾湿地旅游聚集区共三大旅游聚集区以及一大批乡村旅游点。通过政策奖补,引导和带动周边和沿线贫困户从事农家乐经营、土特产品制售等旅游配套服务,并开发一批旅游公路养护、景区保洁、保安巡防等公益性扶贫岗位,就近聘请贫困户担任服务人员,促进贫困户自主创业和就业,让贫困群众搭上"旅游致富快车"。2017年,全县生态旅游接待218万人次,同比增长17%,综合收入13.5亿元,同比增长17.2%。全县直接或间接从事旅游业人数2万余人,辐射带动贫困户1000余户5000余人。二是创新林下经济发展新模式。大力发展以森

林中药材、花卉苗木和野生动物驯养繁殖为主的林下经济，拓宽森林生态资源利用空间，实现"不砍树、能致富"，助力精准扶贫。目前，崇义县与中南林业科技大学合作，在林下建设了100余亩近自然红菇培育试验区及20万只寒露林蛙试点养殖基地。三是创新贫困户参与新模式。建立健全以林权管理服务中心为平台的林权流转体系，规范流转行为，大力培育民营林场、林业专业合作社等新型经营主体。同时，积极实施林权抵押贷款，拓宽融资渠道，进一步调动贫困户参与林业产业发展，实现发展产业和扶贫双赢、经济社会效益的双丰收。如杰坝乡黄金油茶专业合作社黄金高产油茶基地，采取以林地入股的形式吸纳贫困户加入合作社，直接带动受益贫困户8户26人。

第二节　赣南苏区生态扶贫实践模式

生态文明建设是中国现代化建设的一个相对薄弱环节。习近平指出："我们要采取实际行动，像对待生命一样对待生态环境，踏踏实实抓好绿化工程，人人出力，日积月累，让祖国大地不断绿起来美起来，让我们美丽的祖国更加美丽。前人种树，后人乘凉，我们这一代人要用自己的努力造福子孙后代。"

一、生态农业扶贫模式

"绿水青山就是金山银山"，在赣南随处可以找到这句话的鲜明例证。兴国县将油茶产业作为精准扶贫的主导产业，财政统一采购200万株油茶苗，免费发放给贫困户栽种。全县共规划133公顷以上扶贫油茶基地9个、333公顷以上基地11个、666公顷以上基地2个，贫困户采取入股和务工等形式依托基地获得收入。吉安永新县因地制宜发展兼具经济效益和生态效益的林果产业和林下经济产业，发展资源环境可承载的种养、加工、商贸、旅游等特色产业，全面实施生态产业扶贫。崇义县上堡乡水南村的观光农业园，引进了全国优良观光高产油葵品种种植，集休闲观光、旅游采摘、高产优质食用油生产于一体，先赏花后卖油，

第六章 赣南苏区生态振兴实践与探索

园区建设与贫困户利益高度联结，有效帮助贫困户脱贫增收。江西省生态扶贫工作深入推进，建立绿色创业扶贫基金，培养农村地区绿色农业发展带头人，带动贫困户靠吃生态饭脱贫致富。

二、生态检察扶贫模式

永新县检察院在台岭建立"生态检察+产业扶贫"基地，农民在基地上劳动1天，领到工资80元，许多村民都领到了几百到上千的投劳工资。在中乡平分村的后山上，村民尹继龙正在为黄桃树除草，一年来黄桃树、油茶都长高了不少，这是尹继龙的亲身体会。自中乡"生态检察+产业扶贫"基地建成一年来，中乡贫困户尹继龙被基地聘为维护工，常年在基地工作，月薪2000元。这一年来他在家里务工，而且收入增加了许多，尹继龙看着长大的树苗，笑得合不拢嘴。

永新县检察院按照省市院部署积极开展生态检察深化年活动，同时响应县委打赢脱贫攻坚战、建设生态永新的号召，率先在全省提出"生态检察+产业扶贫"模式，逐步闯出新路子、迈出新步伐，打造出"江西生态检察永新模式"。具体做法是，对进入检察环节的破坏环境资源类犯罪案件，依法监督犯罪嫌疑人、被告人或单位与受损方达成生态修复协议，以给付货币、承担劳务、亲友代替修复等方式恢复生态原貌。对不能在原地恢复生态原貌的案件，集中生态补偿资金，异地投入到贫困村重点栽种经济生态林，成立专业合作社，贫困户按户分配，每户都持有股份，有劳动力的贫困户还可以到基地投劳赚取报酬，待丰产后合作社按股份将分红返还给贫困户，从而推动实现脱贫致富。

2017年，永新县检察院办理生态案件23件30人，缴纳补植复绿费75.5万，加上2016年补植复绿费共投资168.5万，在全县建成了8个"生态检察+产业扶贫"基地，补植面积达近1151.1亩，让335户贫困户934人受益。永新县委书记肖兵对生态检察工作作出批示："县检察院创新探索'生态检察+产业扶贫'模式，县委对此非常赞赏，百姓十分满意，意义重大。"县委、县政府印发《永新县贯彻生态领域"恢复性司法"理念管理办法》，将生态检察补植复绿工作提升到全县层面，并建立了补植复绿的长效机制。

三、生态旅游扶贫模式

大余县大力推行"生态+旅游"扶贫模式,把开发绿水青山和富民利民结合起来,利用当地得天独厚的生态资源、红色资源、文化资源和特色农业等优势资源,成功打造了新城周屋、黄龙大龙山等20多个生态旅游扶贫点。同时,创新"景区(公司)+旅游合作社(协会)+贫困户""旅游公司+贫困户""旅游协会+贫困户"等模式,引导贫困户流转土地(林地)、参与景点施工建设,在景区岗位就业,参与开办农家旅社、农家餐馆,售卖农产品等方式获得可观收入,推动贫困人口脱贫致富。目前,该县共打造109个旅游扶贫产业基地,带动全县直接或间接劳动就业3.5万人,贫困群众的旅游收入占家庭总收入70%以上。

此外,该县积极做好"生态+"扶贫文章,探索"生态+公益性岗位"扶贫模式,加大贫困村生态保护修复力度,增加重点生态功能区转移支付,让有劳动能力的贫困人口就地转成农村保洁员、山区公路养路员、护林员等生态保护人员。2017年以来,已开发200多个生态补偿岗位。

四、遂川生态移民扶贫模式

遂川县张昌福家有5口人,之前住在山腰上,张昌福与妻子一直务农,靠着山腰上的两亩水田生活,日子过得很清苦。张昌福说,山上野兽多,他父亲为防止家禽被袭击,经常三更半夜起来放鞭炮。以前不仅收入少,卫生医疗条件的严重缺失和交通的不便,也让张昌福一家吃尽了苦头。大儿子刚出生时得了手足口病,由于山上不通路,两口子背着儿子、打着手电翻过几座大山,走了10多公里,才把孩子送到另外一个乡镇的卫生院。

2016年,在国家生态移民扶贫搬迁优惠政策的帮助下,张昌福一家挪出了穷窝,搬到了安置点上。"政策是按人头算,每人补助2万元,我一家5口共得了10万元补助金。另外,还有安居工程补贴1.8万元,这么多钱建好这栋80平方米的房子外加装修,还有节余。"此外,张昌福夫妻还将家里原本在山上的水田进行土地流转，每年收租金；再用盖房剩下的钱买了一辆摩托车，两夫妻平时骑车到镇里建筑工地上干活，每人每天可收入100元，这样一个月下来家庭收入有4000多元。

黄坑乡金河村红星安置点和张昌福家的变迁，是遂川县近年来大力推动生态移民扶贫搬迁的一个缩影。县扶贫和移民办主任罗渭荣介绍，遂川县是吉安市人口最多、国土面积最大的县。同时，遂川县也是新一轮国家扶贫开发工作重点县，被列入原中央苏区振兴县、罗霄山脉集中连片开发特殊困难地区县。在10余年的扶贫移民工作实践中，遂川摸索出一整套良策、"土法"。通过集中安置"以点带面"，破解了无地、少地、犄角旮旯建房难题。从县财政中挤出资金，为贫困户盖房修路，鼓励县直单位每年投入不少于3万元用于对口帮扶。作为全省4个移民"进城进园"试点县之一，遂川还结合"城镇化集中安置"模式，打造了有"第二县城"之称的"梦想安居家园"。这个安居家园距县城12公里、赣粤高速公路4公里，地理位置优越，交通便捷。"梦想安居家园"总规划用地1000亩，计划安置移民2万人。目前，一期工程已基本完工，第一批460户移民户通过公开摇号选到了新房，已陆续搬迁入住。扶贫点采取深山区移民、地质灾害移民搬迁和危旧房改造政策叠加的办法，其中移民搬迁补助每人4000元，危旧房改造补助每户1.35万元，由县里统一建设移民房和配套基础设施，统一完成简单装修并接通水电，移民户可直接"拎包入住"。

第三节 赣南生态补偿机制探索与实践

一、东江源生态补偿方案及实施

在推进生态文明建设的过程中，赣州市继续争取国家对东江源生态补偿机制的支持，以更好地保护东江源头生态环境。进一步完善工作机制，落实工作月报制度，将生态文明建设制度化、日常化。组织各部门单位对照《安远县生态文明先行示范区建设实施方案》明确发展定位、发展目标、重点任务等内容,抓好落实,确保完成年度目标任务。推进生态文明机制创新,重点在生态补偿、主体功能区、生态执法、环保责任考核等领域有所突破。发展生态产业,围绕生态资源优势,积极规划和发展旅游、观光农业、林下经济、新能源等生态产业,构建以生态农业、绿色工业和现代服务业为主要内容的生态产业体系。加快城镇生活污水、工业园区工业污水处理设施和配套管网建设,强化污染防治。

随着经济社会的快速发展,农村环境形势日益严峻。农村地区饮水安全得不到保障,农村生活污水、垃圾污染、畜禽养殖污染以及化肥、农药引发的面源污染均呈加剧趋势,导致土壤污染并威胁到食品安全,对广大群众的生活及农村经济社会的健康发展产生了严重影响,成为全面建设小康社会和建设社会主义新农村的重要制约因素。加强农村环境保护是落实科学发展观、构建和谐社会的必然要求,是促进农村经济社会可持续发展、建设社会主义新农村的重大任务,是建设资源节约型、环境友好型社会,深入推进安远县建设生态县的重要内容。

项目拟建地点:鹤子镇、孔田镇、三百山镇、镇岗乡、凤山乡、高云山乡、欣山镇、新龙乡。

项目建设内容及规模:综合整治74个行政村环境,建设8个乡镇垃圾中转站、74个村垃圾中转点、10110个垃圾屋、15400平方米的人工湿地、935个氧化塘、8400个环保化粪池,修建排污沟101241米,购买垃圾清运车8部、水源警示牌74块、饮用水围栏14800米,水源涵养林740亩。

项目估算总投资及资金来源:估算总投资9620万元(按每个村130万元);资金来源:中央财政9620万元。

项目经济和社会效益:通过农村环境连片综合整治,安远县的农村环境将得到有效保护和改善,自然资源得到合理的开发和利用,农村基础设施更加完善,将有效地拉动农村经济,增加农民收入,促进社会生态文明进步,使生态效益、经济效益、社会效益形成高度统一。

第六章　赣南苏区生态振兴实践与探索

图 6-1　赣南安远县东江源头

二、"赣粤闽原中央苏区生态补偿机制试验区"的构想

建立生态补偿扶贫机制，惠及百姓。近年来，赣闽粤原中央苏区在中央及各部门支持和帮助下，获得一系列民生工程和基础设施项目。但生态保护与生态补偿方面的项目支持并不多。许多贫困县肩负着南方生态屏障重任，经济发展与生态保护的矛盾非常突出。笔者提出：赣闽粤应向中央协同申报"赣粤闽原中央苏区生态补偿机制试验区"。该试验区应打破赣粤闽地域界限，进行整体设计和生态保护，并聚焦于赣闽粤生态补偿项目规划。目前，赣粤两省签订了《东江流域横向生态补偿协议》，两省关于生态补偿的探索为申报《赣粤闽原中央苏区生态补偿机制试验区》打下坚实的基础。江西省应主动承担牵头人角色，促进分工合作，使该申报项目落地。相信国家生态扶贫项目资金的注入，将有力地化解中央苏区民生发展与生态保护的矛盾，这将有力地促进苏区生态振兴。

乡村振兴理论指导下的赣南苏区的实践与探索

(一) 申报"赣粤闽原中央苏区生态补偿机制试验区"重要性和必要性

1. 苏区政府财力贫乏,必须依靠国家资金来解决生态保护问题

赣闽粤原中央苏区多山区,经济比较落后,贫困人口非常多。为了快速发展经济,改变落后贫穷面貌,地方政府面临着巨大的压力。尤其是到2020年,全国各地要同步实现全面小康,使地方政府对发展经济和产业有非常强烈的冲动。近年来,随着工业化和城镇化的快速发展,许多工业项目从沿海迁到山区,诸多旅游项目和农业项目正在开发,不少产业扶贫项目迅速落地,昔日平静的山区开始有了机器轰鸣声,赣闽粤原中央苏区生态环境保护的压力越来越大。

江西省各级政府一直非常重视环境保护。2016年习近平总书记视察江西时,为江西经济和社会发展把脉,并提出了新的希望和三个着力点。习总书记希望江西省要打造美丽中国的"江西样板",这对江西省全力进行生态建设提出了明确目标。因此,加大对江西生态环境保护的资金投入迫在眉睫。事实上,江西开始在全省9大生态流域内实行"河长制",并建立生态补偿资金对每一流域进行生态建设,苏区人民群众甚至牺牲发展机会,限制产业发展,这进一步影响了地方财政收入和贫困群众收入。

显然,依靠地方政府资金远远不够,如果没有国家环境保护资金支持,生态建设将难以持续。在对农村生态环境的治理中,农村生活垃圾、农村污水、农村养殖污染等治理需要更大的经费支持。而原中央苏区面临的资金短缺更为严重,因此获取国家资金和经费支持,是协调我国经济与生态矛盾的关键。

2. 赣闽粤原中央苏区共同申报,有利于引起中央和国家各部门的重视

赣闽粤原中央苏区许多县区为贫困地区,人均财政支出水平低。虽然各地市县政府对生态保护很重视,但大多数苏区政府是"吃饭财政"政府,财政资金投入非常有限。国家及省级政府对原中央苏区县区给予了一定财政支持,如对公益林生态补偿标准为每亩15元,远低于公益林商业化的收益。虽然这些补贴有利于提升生态环境质量,但远远不能满足赣闽粤原中央对生态保护的需

要。事实上，国家对生态环境保护投入的资金越来越多，争取国家资金非常关键。

国务院印发了《关于赣闽粤原中央苏区振兴发展规划的批复》（国函〔2014〕32号）之后，为各地在争取国家资金投入方面提供了一定便利。但从环保部门、林业部门、水利部门、农业部门、发改委获得的生态保护资金并不多，有的地区获取的政府资金甚至还少于发达地区获取的资金。为取得国家各部门的支持，原中央苏区需要一个共同战略性文件或平台，以便林业部、农业部、环保部、水利部更好地对中央苏区进行倾斜支持，从而获得更多环境保护资金的支持。目前，江西省和福建省均获批生态文明试点省，但生态文明试点省并不是专门针对中央苏区，相关支持生态保护资金来自农工部门，而申报"赣粤闽原中央苏区生态补偿机制试验区"有利于从环保部门、水利部、林业部等多部门获取生态保护性资金。此外，如果单凭某一个省市去申报难以获得中央和国家的重视，因此需要赣闽粤原中央苏区举三省之力，共同谋划、共同申报。这是一个大局，是一个大平台，可以包含许多项目，既可以包括跨省域水环境生态补偿机制建设，也可以包含主体功能区部分调整、农村环境治理项目、农村面源污染防治等。

3. 从生态系统的角度上看，需要赣闽粤原中央苏区进行协同环境保护

赣闽粤原中央苏区生态保护是一个系统工程，仅靠现有的投入和思维，难以实现区域生态环境综合治理和保护的目标。赣闽粤原中央苏区位于武夷山、罗霄山、玳瑁山山脉，南岭山脉构成我国南方重要生态屏障。从生态系统角度来看，要进行生态保护，必须打破赣粤闽地域界限，进行整体设计和生态保护。从生态系统来看，山、江、河共同组成一个系统。山脉之间孕育江河。从南岭山脉内含东江河流域，一头是江西，另一头是广东。武夷山一边是福建，另一边是江西。南岭、罗霄山脉、武夷山脉等孕育了东江、赣江、闽江、九龙江、新丰江。由于地理上处于同一生态系统，需要赣闽粤原中央苏区进行协同环境保护，这需要赣闽粤原中央苏区共同协作、共同申报。

(二) 申报"赣粤闽原中央苏区生态补偿机制试验区"可行性分析

1. 该项目申报是进一步落实《赣闽粤原中央苏区振兴发展规划》的一个重要抓手

生态保护是赣闽粤原中央苏区振兴发展的一个重要问题。《关于赣闽粤原中央苏区振兴发展规划的批复》明确指出,首先要开展东江源、抚河源、赣江源、闽江源、九龙江源、新丰江源生态补偿试点,建立东江、汀江跨省流域生态补偿机制。支持各级自然保护区、森林公园、湿地公园建设,加大野生动植物保护力度。支持福建加快建设国家生态文明先行示范区,支持有条件的市(县)积极创建生态文明示范工程试点市(县)。探索建立南方草原生态保护补偿机制。加大水土流失综合治理力度,继续实施崩岗侵蚀防治等水土保持重点建设工程。

虽然《关于赣闽粤原中央苏区振兴发展规划的批复》提出了赣闽粤原中央苏区生态环境保护拟解决的问题和重要任务,但是生态环境保护的内容和篇幅在《赣闽粤原中央苏区振兴发展规划》中所占的比例不多,《赣闽粤原中央苏区振兴发展规划》也没有提出进行生态保护可操作的路径与方法,因而很难成为赣闽粤苏区振兴发展的重要抓手。事实上,近4年赣闽粤原中央苏区民生、交通基础建设方面有较大改善。但在生态保护与生态补偿方面获得的项目并不多,也没有体现赣闽粤原中央苏区的独特性、优越性。在国家对环境保护资金投入力度日益加大的情况下,争取国家对环境保护投入更多资金非常重要。如果申报"赣粤闽原中央苏区生态补偿机制试验区"成功,那么该文件将成为《赣闽粤原中央苏区振兴发展规划》关于环境保护工作的一个重要的抓手。

2. 东江源生态补偿机制的前期探索为"赣粤闽原中央苏区生态补偿机制试验区"准备的基础

一条东江,连接着3个中国最典型的区域:江西是欠发达内陆省份,广东是经济发达的沿海省份,中国香港是世界上经济较发达的城市之一。东江源头寻乌、安远、定南3县均为国家或省扶贫工作重点县,多年来对东江源头生态保护不遗余力,但"力不从心"。为保护东江水质,减少农业面源污染,寻乌在东江源头退果还林,核心区的退果面积达3.7万亩。自2003年开始,赣粤两省的全国人大代表、政协委员就曾多次提交议案,建议国家和受益地区对东江源区实施生态补偿,支持当地保护环境,发展生态经济。然而,由于正式的跨省域生态补偿机制尚未建立,东江源头未从下游受益者手上得到足够的生态补偿经费。2008年,江西省出台了"五河"和东江源保护区生态保护"以奖代补"政策,财政奖励资金从最初的每年5000万元,提高到近两年每年1.752亿元。对经济欠发达的江西而言,这已是一笔不小的支出,对提高源头生态保护积极性也起到了重要作用,但相比保护与补偿所需的资金,仍是杯水车薪。

"新安江模式"是跨省域生态补偿机制的典范,也是目前其他国家较为常见的补偿模式。"新安江模式"以流域的面积、水量、水质来设定补偿标准,确定各利益相关方,界定责任主体。"新安江模式"的生态补偿应是以中央财政资金扶持为主,省际横向补偿制度作为辅助补偿措施。试点3年,安徽省获得了数亿元补偿资金,而浙江省则收获了上游送来的一江清水。实际上,在项目治理外,生态补偿的内容还应该拓展到林农、生态移民等生态保护者直接补偿和地方发展机会成本补偿等方面。

2015年,江西省开始了《江西东江源生态保护与补偿规划》编制工作,并向环保部申报。东江源生态补偿规划稿中参考了"新安江模式",国家发改委、环保部、林业局等部委局相继表态,支持东江源生态补偿纳入国家试点,列入国家发改委《关于建立健全生态补偿机制的若干意见》并报国务院,已初步同意纳入试点范围。此外,赣粤两省刚刚签订《东江流域横向生态补偿协议》,已经进入了操作实施层面,江西省和广东省各拿出1亿元进行生态保护,并从水质和水量进行监督和考核。笔者认为,东江源等生态补偿机制前期探索与准备为申报"赣粤闽原中央苏区生态补偿机制试验区"打下了重要基础,申报"赣粤闽原中央苏区生态补偿机制试验区"从时机、技术上来看是可行性的。

(三) 协同申报"赣粤闽原中央苏区生态补偿机制试验区"的相关建议

1. 加强赣粤闽政府官员之间交流，举办生态补偿问题高峰论坛，尤其要促进思维观念的协调统一

申报"赣粤闽原中央苏区生态补偿机制试验区"，涉及赣粤闽三地多个基层地方政府。各个基层地方政府在整个生态系统中处于不同生态位，其希望谋求的利益和诉求点是不一样的，但申报"赣粤闽原中央苏区生态补偿机制试验区"有利于从中央获取补偿资金，对相关地方政府环境保护均有利。此外，通过加强赣粤闽政府官员、学者之间的交流，通过举办生态补偿问题高峰论坛，使各级政府领导认识到申报"赣粤闽原中央苏区生态补偿机制试验区"的重要性。申报"赣粤闽原中央苏区生态补偿机制试验区"可以促进赣粤闽原中央苏区从整个生态系统视角进行顶层设计，这对于协调好赣粤闽原中央苏区经济发展与生态保护矛盾关系、促进赣粤闽原中央苏区持续健康发展将起到至关重要的作用。因此，观念的交流、思想的交汇将为申报"赣粤闽原中央苏区生态补偿机制试验区"做好舆论准备和技术方案准备。

2. 做实申报内容，将许多申报内容尽量落实到具体项目层面

在对赣粤闽原中央苏区的生态保护顶层设计中，要不断地将申报内容尽量落实到具体项目层面，既体现系统性，又强调具体性和可操作性。在赣粤闽原中央苏区生态补偿机制试验区申报内容中，设计专门章节阐述"如何推进武夷山、罗霄山、玳瑁山山脉为核心的区域中部分县（市）补充纳入国家重点生态功能区范围"，设计专门章节阐述"东江源、抚河源、赣江源、闽江源、九龙江源、新丰江源尽快纳入国家生态补偿试点"相关方案和计划。

同时，将各地自然保护区、森林公园和湿地保护规划，以及绿色城市、森林城市、国家公园创建试点（如吉安开展国家公园试点）等具体工程项目列入到"赣粤闽原中央苏区生态补偿机制试验区"中去。此外，还可将水土保持重点建设工程、水土保持生态文明示范市（县）工程、赣江、闽江等重点流域水环境综合整治工程，以及跨流域、跨区域生态环境协同保护工程、矿山生态环境保护

第六章 赣南苏区生态振兴实践与探索

与恢复治理工程，一并纳入到"赣粤闽原中央苏区生态补偿机制试验区"申报书中。

纳入"赣粤闽原中央苏区生态补偿机制试验区"的项目还可包括：赣州、龙岩、梅州等市历史遗留矿山环境综合治理项目；龙南等稀土矿区、崇义等钨矿加快污水处理设施和污泥处理处置工程；加强城乡饮用水水源保护以及陡水湖、万安、仙女湖、棉花滩、飞剑潭、延平湖等水库生态环境保护与治理工程；加快城市生活垃圾处理设施建设，提高城市生活垃圾无害化水平；推进清洁农村工程；测土配方施肥和土壤有机化提升工程；支持发展农村沼气；加大农村环境综合整治工程；农业面源污染防治工程；等等。

3. 江西省应承担好申报工作牵头人角色，促进分工合作，多方呼吁，使该申报项目落地

《赣闽粤原中央苏区振兴发展规划》是由江西省牵头、联合福建省和广东省共同完成的规划，这一过程中，江西省主动思考、主动作为，自觉承担牵头者责任，实现了赣闽粤分工合作。有了共同申报《赣闽粤原中央苏区振兴发展规划》的基础，完全可以再次共同申报"赣粤闽原中央苏区生态保护规划与生态补偿机制试验区"。实际上，牵头者非常重要，有时起到统筹安排和布局的重要作用。要在赣闽粤原中央苏区原有的合作机制基础上，不断创新合作方式，统合各方面利益诉求，形成合理的分工框架和项目申报推进方案。

在项目申报过程中，要发挥赣粤闽三省发改委（苏区办）、环保部门等职能部门主要作用，与中央和国家相关部委积极沟通，听取上级主管部门指导意见，不断完善"赣闽粤原中央苏区生态补偿机制试验区"内容。同时，可以发挥各民主党派参政议政的作用，将相关思路写成全国"两会"提案，或者把该项申报工作作为中央民主协商工作内容。例如，可通过中国民主建国会江西省委员会，向中国民主建国会中央委员会提供"两会"材料，争取转化为全国政协会议提案。通过多方协作、多方呼吁将为该项目申报和落地打下坚实的基础。

第七章　赣南苏区乡村人才振兴实践与探索

人才是第一资源，农业农村人才是强农的根本。只有加强农业农村人才队伍建设，才能加快农业科技进步，切实转变农业发展方式，确保现代农业发展有坚实基础；才能强化农村公共服务能力，促进农村社会全面进步，确保社会主义新农村建设有重要依靠。农村实用人才和农业科技人才是农业农村人才中的骨干力量，加强农村实用人才和农业科技人才队伍建设，是农业农村人才工作的重点领域，是实施人才强农战略的关键环节。

第一节　赣州市乡村人才振兴实践

赣州农村人口比重较大。近年来，赣州市以"培育实用型人才、打造学习型农村、建设创业型地区"为目标，全面展开农村实用人才培养。市县两级成立农民培训领导小组，党委主要领导任组长。计划用10年时间，使全市95%以上的农村劳动力接受农业实用技术和职业技能培训，80%以上的农村劳动力掌握1~2门种养技术或职业技能。

第七章　赣南苏区乡村人才振兴实践与探索

一、整合资源

整合培训平台，市级依托赣州农校，县（市、区）一级依托职业高中（中专），分别组建农民学院承担培训职能。涉农培训全部整合进农民学院，不搞多头重复培训。整合培训资金，农民学院基本办公经费列入各级财政预算。培训经费按"渠道不乱、用途不变、资金统筹"原则，整合"阳光工程""金蓝领工程""雨露计划"等涉农培训项目资金。整合培训师资，多形式选聘专业或兼职教师，并从市县乡事业单位、企业、农村科技示范户、农产品经纪人和能工巧匠、外出务工人员中选拔一批农村实用优秀人才，建立培训师资库统一调度使用。

二、吸引农民

为调动农民参训的积极性，一靠宣传发动吸引，统一印制《致农民朋友的一封信》和《农民学院招生简章》，公布全年的教育培训计划，使培训惠农政策家喻户晓，农民可以自行选择时间、地点参加感兴趣的培训项目。二靠优惠政策吸引，实施"三免三补两送教"政策：免除学费、教材费、实习费、住宿费等，免费为合格学员颁发全国通用的初级《职业资格证》，免费推荐就业；补贴学员基本生活费每天9元，对取得中级《职业资格证》的学员奖补90元，对特困学员给予500~1000元生活补助；送教到乡村、送教到企业。三靠特色课程吸引，以农民需求、产业需求、市场需求为导向，科学开发课程和教材。四靠培训实效吸引，注重实践操作，学员培训后可以直接实践，快速将知识转化为生产力。同时，还通过开通农业科教电视频道、印发《新农民报》、编发手机彩信、"三送"工作队员上门送教等形式，扩大教育培训覆盖面。

三、帮扶致富

创业金融扶持，对农村人才自主创业的提供万元以内的小额贴息贷款。每年还在留存党费和村建经费中安排专项资金，贴息扶持农村实用人才创业。科研经费资助,农村实用人才参加学习培训、会议交流、科研攻关或成果展示,经申请可以给予所需经费50%以内、最高5万元的资助。完善创业载体,成立创业指导中心,为农村实用人才提供技能培训、项目开发、开业指导、跟踪扶持等服务。积极推动农村实用人才创业园、返乡农民工创业一条街等平台建设。全市已建立各类创业载体近百个,帮助1万多名农村实用人才成功创业。

四、激励引导

通过树立典型、给予荣誉,强化农民发家致富意识。对业务水平高、事迹突出、带动作用明显的农村实用人才,优先推荐为村"两委"干部,并作为事业编干部考选的重要考虑对象。对拔尖的农村实用人才发放特殊津贴,每年安排免费体检或旅游。开展"百佳外出务工人员""百名优秀农民"等评选活动,加强宣传,扩大影响。

通过上述举措,近年来赣州全市累计培训农民240多万人次,培育农民科技带头人4.89万人,85.7万农民获得初级或中级以上职业技能资格证书。在农村实用人才的引领和推动下,脐橙、生猪、蔬菜、花卉苗木、油茶、工业原料林等农业主导产业发展迅速,产业结构不断优化。赣州已成为世界种植面积第一的优质脐橙主产区;生猪出栏占江西省的18.5%,成为全国重要的生猪供港基地。

第二节 赣州各县乡村人才振兴实践

一、兴国县乡村人才振兴实践

1. 构建乡村人才选拔、激励与保障机制

首先,制定《兴国县乡土人才选拔和管理暂行办法》,对全县乡土人才摸底发掘。按照"行业分类、规模归档"的办法,将"土专家""田秀才"分为种植业、养殖业、农副产品加工业、农副产品流通业、其他五大类登记造册,建立乡土人才档案进行专项管理,对在册乡土人才实行一年一考核制度,将考核鉴定情况记录个人档案,实行优胜劣汰、动态管理。

其次,构建责任机制和保障机制。要求每个乡土人才每年必须免费为农户提供技术信息等服务不少于50户次,并结对帮扶3户以上贫困农户,使其在两年内脱贫、三年内致富。在政策上实行优惠,对各类生产、经营大户,在证照办理、规费减免、场地租赁等方面享受与外商同等的待遇;在资金上给予支持,如粮食生产和脐橙生产每个大户安排0.5万~2万元不等的扶贫贷款,并免收病害防治费等;纳入"雨露计划""新型农民""农村劳动力转移培训"等培训计划,享受"一补、二奖、四免"的优惠政策,提高其实用技能和致富能力,每年有近3000名农村实用技术人才享受此待遇。

最后,构建乡村人才激励机制。筹措资金15万元设立"兴国县优秀乡土人才奖励基金",每年评选一批有贡献的乡土人才进行奖励;对乡土人才的先进事迹进行宣传报道,并拍成电教片《乡土人才风采录》在全县播放;大胆启用优秀乡土人才,在重点管理的304名乡土人才中已有213名走上村干部岗位。

2. 乡村人才培育与管理体系

首先,扎实开展农民培训工作。结合兴国县农业主导产业,依托县农民教育学院、乡农民培训中心、村和社区培训室等平台,扎实开展农业实用技术和职业技能培训工作。2015年全县举办农村实用技术培训160期,培训8900人(其中包括培训农村种养示范推广人才2500人、农业专业大户780人);职业技能培训83期,培训7800人(其中阳光工程培训1500人、雨露计划培训390人、金蓝领工程培训2800人、其他各类职业技能培训3110人);合计举办培训班243期,培训农民16700人,超额完成了市委年初下达的培训任务。

其次,加强农村人才队伍建设。根据赣州市委农工部的要求,联合县司法局、体育局、村建办、团委、妇联等单位及各乡镇启动了农村十大人才队伍建设。各乡镇农培服务中心利用人口普查等机会,对各村人才队伍开展了深入细致的地毯式摸底调查,共摸底登记7000多人。各单位举办农村人才培训39期,共

乡村振兴理论指导下的赣南苏区的实践与探索

培训2800人，其中包括农村妇女人才810人、农产品营销人才280人、农村文化人才450人、农村法律人才200人、农村合作经济组织管理人才70人、其他农村人才890人，对已录入登记的农村人才完成了首遍轮训。

最后，建立三级数据库。县、乡、村三级依托赣州农民远程教育培训网，利用市农工部科教科开发的系统软件，建立了农民培训数据库。凡1天以上的培训，均将培训时间、地点、授课人及受训农民的姓名、性别、年龄、联系电话等内容录入进库，全县高质量录入农民培训信息共14246条，没有未录入的乡和村，消灭了录入空白区。对农村人才数据库，按照《赣州市农村人才评价标准》，将符合条件的农村人才录入赣州农民远程教育网，建立农村人才电子数据库，全年全县共录入农村人才信息1710条。

二、赣县乡村人才振兴实践

赣县出台《赣县农村实用人才评价与管理办法（试行）》，规定该县的农村实用人才凭有关部门评定的"赣县农村实用人才荣誉"证书，可在新技术培训、山林承包经营、医疗保险、自主创业等方面享受优惠。农村实用人才可享受以下优惠：①在选拔村干部或招考录用乡（镇）事业单位工作人员时，同等条件下优先推荐或录（聘）用；②参加城镇职工住院医疗保险，其缴费基数是以统计部门公布的上年度全县在岗职工的社会平均工资总额的80%为标准，其缴费比例对应城镇职工相应年龄对应的比例；③取得助理及以上职称（或高级职业资格）的农村实用人才，符合"一村一名大学生"计划招生条件的，列为培养对象，入学后本人只负责集中教学时的往返交通费、食宿费用，学习费用全免，或优先选送"农函大"函授学习，或优先安排农民知识化培训；④取得中级职称（或技师资格）以上的农村实用人才自主创业，在县内办理工商执照时费用减半收取。

三、龙南县乡村人才振兴实践

龙南县结合农村实用人才的需求及队伍发展的需要，不断创新管理方式、加强教育培训、强化激励效果，有效改变了农村实用人才引领示范作用不强的现象，实现了农村实用人才由"单打独斗"向"辐射"带动转变。

1. 创新管理方式，促进开发利用

一是建立健全管理网络体系。充分整合组织部、人事局、农工部等部门力量，在全县选拔了4100余名农村实用人才，分县、乡、村建立了三级农村实用人才信息库，对农村实用人才实行跟踪管理和服务。二是分类建立产业协会。根据地域相邻、专业相近的原则，在全县建立了脐橙产业协会、花卉蔬菜种植协会、生态鸡鸭养殖协会、水产养殖协会、建材协会等各类民间组织53个。同时，不定期组织各协会开展联谊、交流、互助、提高等活动，汇聚更多实用人才到协会组织，实现对农村实用人才的有效管理。三是实施"一村一名能人"工程。每年在每个村（社区）挖掘1名有特长、有技术、在群众中有威信的能人，进行重点培养、跟踪管理。目前，共挖掘培养了农村经济、文化等方面的能人1560余名。

2. 加强教育培训，提升能力素质

一是远程教育"心贴心"授技。采取赴基层调研和召开农村实用人才座谈的方式，组织农业、科技、畜牧、林业等部门业务骨干，收集、整理和制作林果业种植、畜禽水产养殖、反季节蔬菜瓜果种植和建材加工制作等实用技术课件20多部，各站点根据本村的实际情况，按时将近期更新的课件题目张贴在公告栏上，让农村实用人才"自选点菜"。二是结对联系"肩并肩"帮扶。整合全县农业、水利、建设等部门专业技术人员力量，参照赣州市"三送工作全覆盖常态化"结对联系模式，建立专业技术人员结对帮扶农村实用人才机制，每位专业技术人员帮扶20~40名农村实用人才，为他们提供销售、技术、信息等方面的指导和帮助。三是课堂讲学"面对面"培训。以龙南县农民学院、新妇女学校为依托，整合"农民知识化工程""阳光工程""金蓝领工程""雨露计划"等各类培训资源，定期邀请专家、学者，加强对农村实用人才专业技术、文化知识、文明礼仪等方面的培训，不断提升农村实用人才的实用技能和综合素质。近年来，共举办各类实用技术培训班100余期，培训农村实用人才1万人次。

乡村振兴理论指导下的赣南苏区的实践与探索

3. 强化激励效果，优化发展环境

一是加大政治关心力度。注重从政治角度入手，加强对农村实用人才的关心关爱。近几年，先后吸纳了 100 多名农村优秀青年人才加入党组织；优先启用了 500 多名农村实用人才担任村组干部。二是加强优惠政策扶持。县财政联合全县金融系统，每年安排一定数额的资金，为有项目、有规模、有效益、有信用、能起示范带动作用的农村实用人才提供金融扶持，解决他们缺乏创业资金的难题，提升他们的"双带"能力，近年来全县共为农村实用人才创新创业提供各类贷款和项目补助资金 1500 万元。同时，为了鼓励和支持农村实用人才创办各种经济实体，县科技、工商、税务、国土等部门整体联动，在审批、办证等方面，按有关政策对农村实用人才给予了最大的优惠和支持。三是设立突出贡献奖。县委、县政府每年召开一次专门的大会，评选出 10 名在技术革新、新产品开发、科技项目引进以及带领群众致富等方面，做出了突出贡献的实用人才，给予颁发证书及奖励，极大地激发了农村实用人才带领群众创业致富的激情。

第三节　赣州新型职业农民创业实践

案例 1：一个誓不罢休的农机手

肖圣生是站塘欣兴农机专业合作社理事长，当地有名的种粮大户。十年前，经常在田间地头看得到他的身影，那时他还是一名普通的农机手，戴个草帽，背个水壶，为当地农户犁田、翻耕，虽然满头大汗，但他总是乐呵呵的，很难看出他已经有四十多岁了。

他热爱这片热土，经常一个人手捧一把泥土，一站就是半个小时，总是琢磨着在这个土地上种点什么，从那时起他就下定决心发展农业，一心想成为一名新时代的职业农民。

随着经济的不断发展，大量的青壮年劳动力外出务工，慢慢开始出现耕地撂荒的现象，他觉得这个时机来了，他把自己的想法和当地的老百姓说，得到了大家的支持，很快就在当地流转了一千多亩耕地，发展优质稻种植。

水稻种上去了，靠人工操作成本高，如何请工人，这让他心里开始发愁。办法总比困难多，他打开电脑，认真浏览了一下网站，机械化操作的图片出现在他眼前，让他久违地又绽放了笑容。他东拼西凑，购置了一整套农机具，慢慢地走上了机械化耕作模式。

他从来都不罢休，凭着自己对农业的任性，他开始创办了农机专业合作社，吸收全县的农机手为社员，从起初的5名社员发展到现在100多人，拥有农机具60多台套，年机耕机收面积达到1万多亩，多次组织农机手前往安远县、武平县等地进行农机作业，新建农机维修中心超过1200平方米，购置了相关培训仪器设备、教材、教具。同时，他还建立了现代葡萄种植示范基地，种植葡萄50亩。在他的带动下，合作社成员户均增收2万多元。

每当别人让他谈谈经验的时候，他总是笑一笑说："其实也没有什么，只要你认真，没有什么事情做不好的，有困难我们就想办法去解决就行。"

案例2：科技种粮能手

黄明，男，汉族，大专文化，中共党员，家住赣县南塘镇黄屋村四组。近年来，在上级强农惠农政策的感召下，他发挥自己特长，依靠科技致富，成了全县远近闻名的种粮大户，并成立了赣县南塘燕塘稻谷专业合作社，带动周围农民走上了种粮致富之路。2014年，黄明靠租赁承包耕地100多亩，种植优质水稻近300亩，油菜60多亩，创下了年收入40多万元的全村最高纪录。

1. 抓规模生产，促种粮效益提升

作为一名"80后"青年，黄明高中毕业后也曾在外打工，但随着农村外出打工人数的剧增，土地无人耕种，更严重的是不少耕地已出现瘦脊、荒芜的不良迹象，他很心痛。2012年他返乡种田，试着租赁本村耕地从事种植业，发展粮食生产，次年承包耕地50余亩，主要种植水稻。由于科学管理，合理施肥，成本较低,当年产生了良好的经济效益,黄明尝到从未有过的甜头,这更加坚定了他种粮的信心和决心,2014年种植优质水稻面积近300亩,粮食产量达150多吨。

2. 抓品种改良,促种粮产量增加

黄明通过向县农技人员讨教,选用在当地表现好(产量高、抗性好、米质优)的早、晚稻品种搭配种植,并大力推行水稻"双抛"技术,大大提高了水稻单产,较全县平均水平高出10%。同时,所产出的水稻质量在全县属于上乘,在市场上畅销,价格比常规水稻高出5%以上。成为新型职业农民后,黄明信心倍增,他说:"有了你们提供的技术作为后盾,今后种田再也不用怕了,我打算明年产量再增加3个百分点。"

3. 抓生产投入,促种粮机械运用

黄明在承包耕地的面积逐年增多的情况下,萌生了成立稻谷专业合作社的念头。他主动找到农业部门联系,谈了自己的想法,并于2014年成立了赣县南塘燕塘稻谷专业合作社,先后筹资20多万元购进了拖拉机、联合收割机等机具3台套,进行田间机械化作业,提高粮食生产效率,缓解了劳动力匮乏的矛盾,探索出了适合该村农业生产田间机械化作业的新路子。机械化田间作业的推广运用,提升了该村农业生产效率,尤其是提升了粮食生产的科技含量,他把农户从高强度的体力劳动中解放出来,极大地调动了广大农民种粮的积极性,提高了生产经营水平,对助农增收具有十分重要的意义。

4. 抓科技应用,促种粮成本降低

为提高土壤肥力,改善土壤结构,黄明在农业部门的技术指导下,将每年收获后留下的秸秆就地粉碎还田,这样可以疏松土壤,避免耕地板结,同时腐烂的秸秆可提高土壤的有机含量,增强土壤肥力,从而降低化肥的使用量。黄明的这一举措,获得了该村农户的积极响应,对提高粮食产量也起到了不可估量的作用。

5. 抓技术更新，促种粮持续发展

水稻种植规模的扩大也惠及周边农民，解决了部分劳动力少的农户种田效益低的问题，一年用工量达 100 多人次，增加了部分农民的收入，对于周边的村民起到了很好的带头作用，许多农民通过多种形式相继搞起了粮食规模种植，推动了区域经济的发展。

6. 学习从不放弃，磨刀不误砍柴工

黄明是一个爱学习的人，平时就喜欢看书学习，一听到有个新型职业农民培训班，他马上就报了名要参加，有人问他种了几百亩水稻，平时都要请人，如何有时间去学习，他笑着说："有，这么好的学习机会，怎能放过，俗话说磨刀不误砍柴工"。

2014 年，只有 35 岁的黄明，已成为赣县较为年轻的新型职业农民，他正用自己的实际行动实现着自己的价值，我们相信，成为职业农民的黄明在促进粮食生产、保障粮食安全方面必将发挥越来越大的作用。

案例 3：江西第一杉的创造者

谢贤荣是崇义县关田镇人，也是崇义县石羊岩生态农业有限公司的法定代表。从 2003 年开始，他自己种植培育红豆杉，经过多年的打拼，他的红豆杉产业基地种植面积达 1200 亩，是目前省内最大的红豆杉基地，号称"江西第一杉"，他也成为当地有名的红豆杉种植大户。

从 1999 年至今，谢贤荣从事林业工作已 15 年。1999 年，他通过公开招标，取得了一块采伐迹地，因当时价格很高，所以就想提高土地附加值。谢贤荣上网搜索，了解到红豆杉是国家一级植物，同时又具有绿化环境、净化空气、抗癌防癌等功效，经过多方打听，发现有人工培育的南方红豆杉，于是买了 1 万株在山上种植。

同大多数创业者一样，谢贤荣的创业之旅不是一帆风顺的。初期，他种植的红豆杉长势不好，可"义无反顾"的谢贤荣不信邪，他买回各种种植技术书籍，不断学习研究,又专门赴各地向红豆杉种植专业户取经,一步一个脚印地学习、实践,谢贤荣逐渐掌握了红豆杉的种植技巧,现在已有600多亩人工南方红豆杉林,共10多万株,其中有几千株已挂果,最大的地径达16厘米,高的4米多。

为了种植红豆杉,谢贤荣举家搬进了深山沟,在林场建了小洋楼,办了小电站,决心从长计议,在山上耕耘。2010年,崇义县石羊岩生态农业有限公司出资,成立了集南方红豆杉种苗繁育、扦插繁育、园林绿化苗木、盆景制作、药材种植及销售于一体的终端产业链式红豆杉产业基地,累计投资1000多万元,采用南方野生红豆杉培育的苗木进行定植,在该县下关石圳坑建设了500多亩南方红豆杉实生苗区,在下关石羊岩建了200多亩种苗繁育区,在下关高坪一带建设了100多亩精品示范区,辐射带动该县聂都、上堡等周边乡镇发展种植了500多亩红豆杉。

在山上刨金的谢贤荣,没有忘记周边的乡亲们。2011年,他成立了田源红豆杉科普示范基地,大力推广科学繁育、种植红豆杉的技术。基地采取"公司+基地+农户"的运作模式,由公司投入资金负责收购、销售,减少农民的投资风险,引导农民种植红豆杉。同时,为了更好地推进科技示范作用,他建了115平方米的农民培训室,聘请市林科院、县林业局的高级专业技术人员驻场指导和培训,组织农业专家、科技特派员、科普志愿者与农民近距离接触,采取跟踪服务、电话咨询、地头讲解等方式,用科技支撑起红豆杉产业的发展。几年下来,基地共开展科普技术培训50余场,培训4100余人次,编印科普小册子2万余本,使500多户农户走上了致富之路,取得了较好的社会效益和经济效益。该基地也于2013年被市、县科协评为"先进科普示范基地"。

2014年谢贤荣参加了崇义县新型职业农业培训,通过培训他开阔了视野,联合全县其他种植户,成立了众联苗木专业合作社,制定了详尽的规章管理制度,为社员提供农业生产资料的购买、农产品的销售、加工、运输及与农业生产经营有关的技术、信息等服务,进一步推进苗木种植规模化发展。

走进田源红豆杉产业基地,一畦畦红豆杉苗宛如农家菜一般长势喜人,而另一边已经装盆的红豆杉盆景更是郁郁葱葱,这只是谢贤荣种植基地的一角。随着基地的发展与壮大,企业不仅实现了年均100万余元的销售收入,更吸收基地附近剩余农村劳动力200余人,年均增加务工收入30万元以上。

苗木发展了,谢贤荣心里有了更大的规划。现在乡村旅游很火热,红豆杉又具有观赏价值,依托红豆杉发展旅游,重点打造以田源红豆杉产业基地为核心的休闲生态农业种植区、体验区、采摘区和观光区。同时,利用当地依山傍水的天然优势,设计几款旅游线路,打造南国红豆主题广场,发展以休闲旅游、养生度假、运动康体、会议培训、文化体验的现代服务业。

案例4:"花果山"里的知青后代

马海平,男,1975年9月出生,江西省赣州市全南县人,果业种植专业大户。1993年,马海平高中毕业后,接手父亲的30亩果园,凭借自己坚持不懈地学习新技术和坚韧不拔的拼搏精神,经过20多年的苦心经营,目前果园扩大至300余亩,种有脐橙、温州蜜橘、章梨、杨梅、油茶等10多种果树。谈起自己的从业经历,马海平脸上写满知足:"这辈子我打造了一个'花果山',我感受到了自身的价值!"

1. 子承父业:接过30亩果园

"1972年父亲从茅山共大毕业后,就开始承包果园。"马海平介绍说,当时果园有30余亩,种植常规的水果品种。春天徜徉在绚烂的花海,夏天在树荫下听蝉鸣鸟叫,秋天采摘着丰收的金黄,冬天倾听翩翩的飞雪。童年的马海平陶醉、沉迷在果园、花海,在潜移默化中学习果树种植栽培技术,激活了热爱果园的"因子"。1993年,马海平高中毕业后,没有选择从事其他工作,而是直接奔向了童年时梦中的果园。"在当时,我算是知识分子,我年轻、有文化、有梦想,浑身都是劲,渴望创出一番事业!"回想起当年的创业情景,马海平仍然满怀激情。

2. 学习成长:从书籍延伸至互联网络

无论走进哪个果园,只要你问起种植果树,经营果园,最重要的是什么,工作人员肯定不会说是资金、土地、销售渠道,而会说是技术。在马海平的果园里,他的回答如出一辙:"技术是难题,也是关键!"

为了最快提升果树种植技术、果园管理技术，马海平凭借自己年轻有文化的优势，将目光投向新兴技术的学习。由于当时没有互联网，马海平就订阅果树种植技术杂志。"《南方果树》《江西柑橘》等十余份杂志订了十几年，现在家里还堆满了一墙壁。"

随着科学技术的发展，马海平也不断地更新自己的学习渠道。村里一有了网线，马海平就买来了电脑学习果树种植技术。一次，他在网上看到一篇新闻，介绍台湾采用章梨高接花枝技术，当年嫁接，当年就能挂果，并且盛产期产量能提高50%以上。马海平寻思，从理论上讲，章梨适宜在温带地区生长，通过嫁接后能在台湾开花结果，肯定更适宜在赣南生长。因此，他当机立断北上山东寻找嫁接苗，并取经问道。回到家乡，他开始尝试嫁接，几年后，果园的章梨树全部实施了高接花枝技术。

望着树上挂满青翠果实的梨树，马海平掐着手指算了一笔账：原来每棵梨树产果200斤，现在每棵产果300多斤，果园里现在有梨树700余棵，可产梨30多万斤，每斤批发价1.2元，除去每年10万元的生产成本，年收入达20万元。

拥有先进技术的马海平成了县里的名人，果树种植户只要有技术难题都向他请教。在马海平果园旁边忙碌的种植大户陈继发对笔者说："他是果树'状元'，任何疑难杂症都难不倒他，他还乐意给我们讲解！"

由于掌握先进的种植技术，2009年至今马海平一直被评为农业科技示范户，带动周边100多户果农发展果业生产，将先进的技术传授给全县的每一位果园种植大户。2012年，马海平被聘请成为全南县黄龙病技术协管员，他积极投身到黄龙病防控"保卫战"中，保住这一富民、助推赣州振兴发展的产业。

3. 未来蓝图：打造果业的"联合舰队"

中央连续12年出台了中央一号文件以聚焦农业改革，在这背景下马海平敏锐地感觉到果业发展的另一个"春天"到来了。他及时调整果业产业结构，拓宽市场销售渠道，强化果品产业品牌建设。指着树上嫣红的杨梅，马海平说："借助新兴的网络媒体，我们采取O2O模式实施线上线下同时销售，将杨梅卖到了沿海市场。"他继续介绍，"前几年在盛产季节，由于杨梅的保鲜期短，常常在树上烂掉一半，现在不仅能全部销售出去，而且价格也得到提升。"

"对于未来,你有怎样打算?"面对提问,马海平踌躇满志地回答:"联合县里的几个果园种植大户组建果业农民专业合作社,组建'联合舰队'抱团闯市场,提升市场竞争力。"他指着远处的一块山坡,"明年我要调整种植项目,种植高产油茶100亩,通过丰富产业品种降低市场风险。"

案例5:山羊养殖的致富能人

汪承芳,男,46岁,寻乌县晨光镇黄坑村肉用山羊养殖户。依靠党的农业扶持政策,凭着一股闯劲钻劲和勤奋好学的精神,2015年他参加了新型职业农民培育工程肉用山羊养殖技术培训班的学习,不仅使自己对肉用山羊的养殖技术有所提升,做到保护环境,而且还取得了一定的经济收益。

初中毕业的他是当地一名地地道道的农民,子女外出打工、学习,家里只剩他和妻子两人。孩子打工赚的钱不仅要寄回家,还要保障自己的生活,家里经济很是困难。为了贴补家用,汪承芳试着养肉用山羊。没有资金请建筑工人,他就一砖一瓦亲手建起整个山羊棚舍;没有钱买羊崽子,就向亲朋好友借;没有养羊经验,他就向其他村里有养羊技术的前辈们请教。

2015年他听说有新型职业农民培训肉用山羊养殖培训班,就迫不及待地报名参加,认真学习肉用山羊养殖技术,将自己的难题一一向老师们请教,并认真做好笔记,将所学知识运用于实际生产中。在长期的养殖实践中,他不满足于现状,坚持边学习边总结,不断探索饲养新技术,总结积累经验。为了降低饲养成本,他翻书本、查资料,苦心钻研饲料配方技术,经过一次又一次尝试,终于获得成功,成为当地有名的养殖能手。

初步尝到养殖甜头的他,仍不忘向同行取经,弥补不足,并与一些养殖基地建立了长期稳定的技术合作关系,逐步掌握了从喂养到配种、繁育、防疫的全套技术。汪承芳是一个话语不多,笑起来显得十分憨厚朴实的人。然而正是这样一个土生土长、普普通通的农民,经过多年的不懈努力,积极参与技术培训,不断学习养殖技术,不仅为自己获得了更多的财富,也带领农民致富,着力培养致富有方、带动有力、无私奉献的党员示范户和新农村建设带头人。

第八章　赣南苏区乡村组织振兴实践与探索

第一节　赣南乡村经济组织振兴发展与实践

当前，赣南农村经济组织发展比较迅速，成为乡村振兴发展的重要驱动力量。从农村经济驱动形式来看，可分为"龙头企业+农户""龙头企业+合作社+农户""合作社+农户""家庭农场+农户""合作社+家庭农场"型等。因此，积极培育农业龙头企业、农业合作社、家庭农场、专业种养大户等新型农业经营主体是赣南乡村经济振兴的关键。要加大力度促进各种农业产业模式有序推进，力促赣南乡村经济组织利益联结共同体形成。

一、"龙头企业+农户"型

"龙头企业+农户"产业化模式是农村经济发展的传统模式，这一模式有利于发挥龙头企业带动作用。农业龙头企业对市场需求敏感，抗风险能力较强，农户专注于生产，两者有机结合，优势互补。

兴国县老营盘村桐子坑肉牛养殖基地位于老营盘村龙口组，基地由太平财险江西分公司援建了1000平方米栏舍，以江西新澳农业发展有限公司为龙头，采取"公司+专业农户+贫困户"运作模式。基地占地约3000平方米，总投资约650万元，分两期建设。一期建设项目主要有：1000平方米栏舍、隔离房、饲料加工房、生活生产用房、沼气池等项目，2017年实现存栏200头以上，带动贫困户40户以上；2018年实现存栏400头以上，带动贫困户60户以上。项目于2016年11月启动，目前栏舍、隔离房、工作房等项目主体工程已基本完工，投入资金约100万元。

基地采取龙头带动、专业农户持股、贫困户参与等模式，形成生产、收购、销售于一体的新型经营体系，力争实现贫困户户均增收5000元以上。一期饲养的200头肉牛中，150头由公司经营，50头由贫困户按统一技术、统一管理、统一采收、统一收购、统一销售分户经营的"五统一"模式组织生产。利益联结模式主要有以下几种：

（1）托管寄养：由太平财险江西分公司为10户有贷款意向的农户提供信用保证保险，农户贷款用于购买肉牛寄养在基地，由基地合作社代为饲养管理，肉牛出售后除去饲养托管成本每头可获益1500~2000元。

（2）免费领养：对有劳动力、有栏舍的贫困户实行免费领养，签订回收协议并提供养殖、防疫服务指导。饲养8个月左右由合作社回收，净重部分按市场价直接以现金结算给农户，贫困户饲养一批可获收益3750元以上，再加上政府产业补贴4000元，可获益7750元。

（3）入股分红：贫困户通过产业扶贫信贷通贷款，以3万元入股基地，每年享受5000元现金分红。

（4）就业务工：基地饲养管理、牧草种植等用工需求10人以上，优先吸纳贫困户就业，预计每人年务工工资收入6000元以上。

（5）村委会持股分红：以政府投入的扶贫产业发展资金为股金，由村委会持股，参与基地经营管理，每年参与利益分红。村委会以分红建立扶贫专项基金，用于救助特殊困难群众。

二、"合作社+农户+贫困户"型

肉牛养殖是兴国县重点发展的产业之一，肉牛养殖产业得到了从中央到地方政府的大力支持，通过扶持具有明显竞争优势和辐射带动作用的产业化经营项目，促进优势农产品基地建设，发展区域主导产业，推进农业和农村经济结构调整，提高农业生产组织化程度和农业产业化经营水平，发展现代农业，推动新农村建设，促进农民增收。该项目建设符合国家农业发展、综合开发的政策，有利于推动山区农业产业化结构调整、提高农业生产组织化程度和农业产业化经营水平、促进新农村建设。所以，建设示范肉牛养殖基地项目具有良好的政策背景。

在兴国县南坑乡富宝村天赐养殖合作社150头肉牛养殖基地中，涉及农户42户256人，其中涉及贫困户16户72人，农户将直接增收60万元以上，户均增收3000元。平均每户投入扶贫资金1050元，人均投入扶贫资金1210元。参与项目的人员以在养殖基地务工获得直接收益，基地用工系附近乡村闲散劳动力，日常用工约10人，忙时用工可达30人，培训农民500人次以上，带动农民转变观念，开展科学养殖，发展现代农业，达到基地效益和示范推广效益获得良好效果。

该基地以家庭式养殖业为基础，与农户签订协议，种植皇竹草回收用于饲养肉牛，为贫困户提供工作，增加收入。其中拟解决产业扶贫资金6万元用以给贫困户提供皇竹草草种；辐射人群可达4个村485户村民，充分利用各家各户的闲散资源及劳动力发展家庭种植、养殖，统一管理销售，项目建成3年后见效，基地正常年份可出栏肉牛150头。因此，该项目的扶贫效益显著。按近几年肉牛市场价格，肉牛30～40元/公斤，并随着市场需求的逐年提高，价格将有所上升，此项目投资肉牛养殖为高标准建设，建成2年后进入丰产期，生产投入200万元，其他投入150万元，可实现年利润350万元。贫困户第2年开始每年可获得股权分享盈余171.5万元，贫困户每年可获得工资收入186万元。

南坑乡富宝村天赐养殖合作社为扶贫项目的实施法人单位，实施南坑乡肉牛养殖项目。实行"合作社+贫困户"的经营模式，贫困户以扶贫资金补助金额入股和以山地租金入股的方式加入项目合作，共同投资项目，独立核算，共享盈余。通过专业合作组织制定肉牛养殖技术标准，在统一标准下实现肉牛养殖的标准化、管理规范化和销售一体化，真正实现产、供、销一体化的产业发展之路。

三、"合作社＋基地＋贫困户"型

兴国县隆坪乡全乡面积 55.77 平方公里，其中耕地 10561.1 亩，山地面积 64715.2 亩，总人口为 14381，其中贫困户 503 户 1676 人。结合乡村实际，按照一乡一业的产业发展思路，引进在外乡贤投资建设了隆坪乡万亩有机油茶基地。该基地开发于 2012 年，规划总面积 10000 亩，目前已投资 1400 万元，种植面积达 5800 亩，以兴国县秦娥山种植专业合作社为依托，已辐射带动兰溪、咸坛、鳌源、牛迳四村发展油茶产业种植。

1. 引进龙头，带动油茶发展

利用"大众创业、万众创新"氛围，把一大批能人乡贤请回来扶贫，万亩油茶基地投资商就是返乡创业典型，为该基地引进了北京金蓝领科技有限公司，公司实力雄厚，发展前景向好。并与中科院林科所达成意向，合作开发万亩油茶基地"数字油茶"项目。采用这种先进的管理经验和种植技术，大力发展"赣州油""长林"和"赣无"系列高产油茶种植，盛果期鲜果产量可达 500 公斤/亩，可实现高产茶油 30 公斤/亩，年产茶油 180 余吨，产值达到 1300 余万元。经测算，5 年内每亩共计需投入苗木 100 株，1.5 元/株，计 150 元，肥料 1500 公斤，计 3000 元，租金 450 元，基础设施 1500 元，人工工资 1000 元，合计 6100 元。5 年内每亩可产油 150 公斤，收益 15000 元，纯收益 8900 元/亩。

2. 政策扶持，解决后顾之忧

根据产业扶贫实际需要，进一步加大投入力度，全面系统梳理完善产业扶贫政策。县级层面出台了精准脱贫油茶产业发展实施方案、产业项目验收及奖补资金申请拨付办法、补充意见等方案，对发展油茶产业给予土地流转、合作组织建设、基础设施、吸纳贫困户务工就业、电子商务流通等重要环节的支持，制定了全方位奖扶政策，重大项目还可通过"一事一议"方式进行专项扶持，帮扶企业、合作社、贫困户发展壮大农业产业。

3. 广开销路,坚定产业自信

油茶消费市场巨大,发展油茶产业前景广阔。随着我国城镇化速度的加快和人民生活水平的提高,油茶需求量也在不断增加,油茶产业必定成为朝阳产业。该基地不愁销路:一是直供对接内销一批,开展"农企对接",与百丈泉公司、山村茶油公司等大型油茶公司洽谈对接,每年直供一批茶油;开展"农超对接",向阳光超市、新南康超市、新华都超市等县内大型超市,以及国光超市等市内知名超市供应;开展"农社对接",在锦绣江南、金福花园、水岸人家等较大居民小区实现油茶直采直供。二是电商平台零售一批,该基地已在电商平台形成了一定规模和影响,推进零售终端网络化,减少中间环节,形成生产加工到批零市场绿色通道。三是专业市场批发营销一批,以农产品专业批发市场为龙头,把建设中的兴国县农产品批发市场建成全县农产品的集散地和中转站,成为连接全国市场的桥梁和纽带,着力打造成为上连各大城市的市场和超市、下连千家万户的基地,形成"生产基地+三级市场网络"的"1+3"平台;加强与北京、上海、天津等目标市场的交流合作,发展对口供应油茶,全方位做好油茶生产、加工、储藏和销售的有效对接,实现产供销一条龙。

4. 紧密联结,助力脱贫攻坚

在推进油茶产业发展过程中,始终按照"五个一"产业扶贫要求,逐一完善利益联结机制,不断扩大基地覆盖贫困户的受益面。

(1)财政扶贫资金入股联结。在通过传统模式连接农户的同时,乡党委、政府开拓思路,与企业、基地、合作社达成协议,采取"合作社+基地+贫困户"模式,由乡党委、政府帮助争取扶贫项目资金,帮助完善基地基础设施,争取的项目资金作为村集体股金入股。对已建成的隆坪乡万亩有机油茶等老基地,政府投入的158万元扶贫资金折股为基地50亩油茶10年期收益,平均每年收益15.8万元,至少可帮扶兰溪村24户42人兜底保障的贫困户脱贫致富。在2017年、2018年油茶挂果还不太稳定的时候,给贫困户不低于2000元的收入,两年分别拿出15.8万元帮扶。待2019年盛果期后,该50亩油茶产出收益多少,就分配多少利润,经初步测算,实际上以后每年该基地要拿出至少20万元帮扶贫困户。

（2）基地务工联结。目前基地吸收 139 户农户在基地务工，其中贫困户 36 户，实现人均增收 5000 元以上。如兰溪村上洋兴组村民陈金石，2015 年起在油茶基地务工，上班时长约 8 小时，工资 60 元/天，全年务工 110 余天，比 2014 年新增收入 6600 余元；兰溪村雅鹊尾组村民刘立明，2015 年起在油茶基地务工，上班时长约 8 小时，工资 60 元/天，全年务工 100 余天，比 2014 年新增收入 6000 余元。

（3）入股分红联结。一方面激活贫困户产权入股分红，以山林、土地承包经营权入股，户均年分红金额非常可观。另一方面引导信贷资金入股分红，该乡利用从产业扶贫贷款风险补偿金中释放的贷款，将信贷资金入股到产业基地、农业龙头企业受益分红。该基地接受农户投资入股 65 万元，现有 20 户贫困户利用贷款入股 20 万元，通过分红实现人均增收 800 元。

（4）技术指导联结。该基地免费为鳌源村 60 户 205 名贫困户提供化肥、苗木和技术指导，实现了油茶种植全覆盖，人均达 5 亩以上。并根据产前、产中、产后各个环节，为贫困户提供技术服务，产前重点抓好产业规划、土地流转、合作社组建等，产中抓好指导和培训服务，产后抓好流通组织服务。

（5）辐射带动联结。该基地愿意采取回购方式回收周边村组农户种植茶油，现已带动咸坛村 21 户农户参与油茶开发，还带动咸坛村利用集体土地发展油茶 300 亩，预计可实现集体经济收入 60 万元。

第二节 "党建+"产业链型乡村振兴

一、农村基层党组织对发展农村经济促进作用

作为工作在第一线的农村干部，担负着贯彻落实党的路线、方针、政策，密切党和政府同人民群众的联系，带领群众致富奔小康的重任。在扶持新型经营主

体发展过程中,赣州市很多家庭农场主、专业大户、合作社负责人都已陆续成为村级自治组织的领导者,为农业产业扶贫提供了坚强的组织保障和人才支撑。

例如,信丰县西牛镇曾屋村党支部书记兼憨农田园农民专业合作社理事长曾梓清就是曾屋村的致富能手,在他的带动下,多名回乡大学生和返乡创业能人先后进入曾屋村"两委"班子,进一步强化了村"两委"班子的致富带富能力。在村集体经济引领示范带动下,憨农田园农民专业合作社吸纳多名外出务工能人返乡创业或入股,通过带领村民入股、在产业基地务工、资金扶持、社会保障兜底等形式,带动贫困户脱贫致富。

二、信丰县曾屋村"党建+产业链"

曾屋村距离信丰县城15公里,辖区面积2.6平方公里,全村耕地面积1978亩。全村共19个村民小组,480户2100人,其中党员41人;一般贫困户20户、低保贫困户9户、低保户19户、"五保"户6户,共计54户157人。贫困户占总户数的11.25%,贫困人口占总人口的7.48%。曾屋村离县城较远,村集体经济"一穷二白",不仅如此,还倒欠外债几十万元,是一个典型的"空壳村"。西牛镇政府通过改组曾屋村党支部,动员在外创业成功的村民曾梓清回村出任村支部书记,重组村级领导班子。

新的党支部成立后,曾屋村积极尝试增加村集体经济收入的办法。结合信丰大力发展烟叶种植的背景,曾屋村党支部积极鼓励村民种植烟叶。通过烟叶种植,一方面可以增加村民收入,另一方面村集体也可以从中获得烤烟返税、烤烟收购奖励等收入。此举虽然增加了曾屋村村集体收入,还清了村级欠债,但是由于禁烟控烟令的实施,公众对于健康的关心程度不断提高,以及宏观经济遭遇全球经济增长乏力的影响,导致国内烟草消费出现了停滞甚至负增长的迹象,加之烟草行业属于国家专卖行业,烟叶种植受到较多约束,尽管可以获得一些收入,却无法从根本上壮大曾屋村的集体经济以及解决贫困户的脱贫问题,仍需要找到一条与曾屋村资源禀赋紧密结合的集体经济发展之路。

在鼓励村民大力种植烟叶的同时,曾屋村种养齐抓,着力调整农业产业结构,探索发展特色产业,先后建立了200亩香瓜、400亩甜玉米、300亩商品蔬菜、380亩中药材油茶等特色产业基地，养殖麻鸡、贵妃鸡5000羽。为了更加有效地整合全村资源，进一步提升曾屋村特色产业组织化程度，2015年1月，由村支书曾梓清发起、村"两委"干部和党员能人带头参与，正式成立了信丰憨农田园农民专业合作社。合作社鼓励村民以土地、资金等各种生产要素入股。为确保村集体经济收入，曾屋村党支部根据有关政策规定，将上级部门投放到村兴办基础设施的项目资金，折成合作社25%的股权，无偿划归村集体所有。25%的股权收益作为村集体经济收入，从而实现在合作社发展的同时，村集体经济同步发展。仅2016年，曾屋村集体经济收入就达18万元。每年25%的村集体收入主要用于村民福利以及全村公共品供给等公益事业。其中，10%用于全村成员的二次分红，其余15%由村集体掌握，用于村公用事业开支。

图8-1　曾屋现代农业种植园

曾屋村依托憨农田园农民专业合作社，采取"合作社+贫困户"的发展模式，大力推进产业扶贫。针对曾屋村贫困户的特殊情况，合作社采取贫困户土地入股、金融扶贫贷款入股的方式鼓励其加入合作社，同时优先安排贫困户在合作社就业。目前，已有30户贫困户96人入股加入合作社，吸纳80多名普通村民和贫困户就业。2016年，在合作社就业的村民仅务工收入每月就达2300元。这样，贫困户既可以通过在合作社就业获取工资，又可以根据其所占股份的多少享受合作社的年终分红。双重收益的获取，有效地带动了曾屋村贫困户脱贫致富。针对贫困户中部分人员因各种原因丧失了劳动能力而生活困难的情况，曾屋村尝试为其进行收益兜底。其方法是吸纳这类贫困户自愿以土地、山林、土坯房等自有资源折价入股憨农田园农民专业合作社，成为合作社股东；合作社年终分红时，该贫困户依据其所占股份的多少获取相应的分红所得。这样，他们在获得国家各种补助之外，既可以享受村集体收入的二次分红，还可以凭其在合作社所占股份获得股权收益。目前，憨农田园农民专业合作社吸纳了曾屋村两户无劳动能力的贫困户入股进行试点。2016年，憨农田园农民专业合作社为贫困户分红11.52万元。

第三节　努力加强赣南农村"两委"建设

一、加强农村"两委"培训和学习

习近平总书记在党的十九大报告中首次提出了"乡村振兴战略"，并将其作为决胜全面建成小康社会、全面建设社会主义现代化强国的战略之一。从长远来看，要在这样一个巨大的人口规模下，进一步改善城乡之间发展不平衡不充分的状态，实现农村在经济水平、生活水准、生态环境、社会治理、文化教育等方面的全方位发展，对基层村干部提出了新的更高的要求。为了更好地服务农村、服务农民，更好地完成新的工作任务，必须加强和完善村支"两委"班子建设，使村支"两委"班子能够适应新形势的要求，能够胜任新时期工作，从而全面推进乡村振兴发展。作为工作在第一线的农村村干部，担负着贯彻落实党的路线、方针、政策，密切党和政府同人民群众的联系，带领群众致富奔小康的

第八章 赣南苏区乡村组织振兴实践与探索

重任。

当前,我国正在全面推进农村产权制度改革,各地做好农村土地承包经营权确权登记颁证收尾工作,完善县、乡、村三级农村土地流转服务体系,进一步推进农村承包土地"三权分置"工作,依法落实农民的土地财产权,让农民的财产权益依法得到有效保护。在经济方面,我国以农村供给侧结构性改革为主线,紧扣"扩面、提速、集成"的要求,加快体制机制创新,不断激活主体、激活要素、激活市场。农村农业改革是系统工程,要把推进农村产权制度改革与农业综合水价改革、集体资产股份权能改革、"财政惠农信贷通"、供销社综合改革、发展村集体收入等结合起来。

要完成好这些任务,就要求村干部时刻注意加强学习,不断提高自身工作能力和政策水平,切实增强处理问题、解决问题的能力。因此需要加强学习,要端正学习态度,要有"活到老学到老"的思想,要变应付被动的学习为积极主动的学习,经常看报、看新闻、看农村杂志等。积极参加上级组织的各种学习培训活动,尽快充实自己。要广泛学习各类文化知识,既要学习党的路线、方针、政策,又要学习切合农村工作的各种文化知识和法律法规,了解党的农村政策,熟悉农村工作技巧,掌握1~2门农村实用技术。用知识丰富自己、武装头脑。农村"两委"成员要认真消化这些知识,要学以致用,将所学知识运用到实践中,理论指导实践,创新工作方式,提高工作能力。在工作中要注意积累经验,从实践中提高自己处理解决问题的能力。

"火车跑得快,全靠车头带"。龙塘镇成立了镇党委中心学习组,每周坚持集中学习,促使班子成员养成主动学习、热爱学习、学以致用的良好风气。

瑞金市抓农村党员队伍建设工作中,以镇党校为主阵地,采取上党课、业务技能培训和外出参观学习等方式,对村干部和农村党员开展轮训;依托文化长廊、农家书屋和远程教育资源站点等文化载体,为村干部和农村党员"加油充电"。镇党委积极落实"一村一名入党积极分子"跟踪培养计划,两年来共培养入党积极分子76名,发展新党员35名,优化了农村党员队伍结构。此外,镇党委积极开展"四创五争"和党员"领题服务"等活动,帮助群众解决各种实际困难,充分发挥党员的先锋模范作用。

二、激发农村"两委"的干事业的热情——以十方村为例

十方村位于武平县城东南方向 18 公里,辖区面积 2 平方公里,居三街三自然村,是镇政府所在地、集市所在村。距长深、古武高速公路出口 1 公里,是十方镇的政治、经济、文化、物流中心,是闽西、粤北、赣南三省交通枢纽。全村耕地面积约 480.5 亩,段上吨粮田基地是省级粮食丰产示范区,被誉为天然的粮仓,山林覆盖面积为 4000 余亩,主要以插花山为主。全村大约 705 户,辖区居民 2000 余户,拥有十方村户籍 4100 余人,拥有 20 余种姓氏,省级高新工业园区大部分坐落于该村。

村支部有 74 名共产党员、1 名预备党员,村"两委"干部 6 人,聘请干部 1 人,全村辖 13 个村民小组,村民主要从事经商、外出务工、客货运输、汽车维修、水果批发(香蕉)、零售、仓储工作。村集体经济收入主要以沿街商铺租金、老农贸市场摊贩租金收入为主,拥有十间沿街店铺,位于高速公路安置区的不动产地皮"八号地块"约 600 平方米、生猪市场地皮约 300 平方米待售,鱼塘一口约 500 平方米,老村办公楼与老十方村中心幼儿园占地面积约 3800 平方米,固定资产 2000 余万元,各类现金存款 140 万元左右。

为全面总结 2015 年村级组织换届以来村"两委"在任期内的工作实绩,进一步激发村"两委"干事创业的热情,十方镇政务微信公众号平台推出"村'两委'三年工作实绩"系列报道,报道采取图文并茂的述职方式直接亮成绩、亮工作实绩,在全镇营造起干事创业、争先进位的浓厚氛围,推动各村不断开拓发展思路、展现发展才干,实现乡村振兴发展。

2015 年 6 月村"两委"班子通过"两推一选",以"大稳定小调整"的形式产生了新一届村"两委"班子。三年来,在镇党委、政府的正确领导之下,在挂村领导、干部的精心指导下,村"两委"干部"心往一处想,劲往一处使",团结协作,带领全村广大党员干部群众积极发展村集体经济。三年来,十方村集体经济持续增强,农民人均纯收入不断提高,村民生活不断改善,基础设施建设不断完善,村容村貌焕然一新。

图8-2 十方村经营的如意饭店

村党支部把抓基层党建工作作为第一要务,以"踏石留印、抓铁有痕"的工作要求,认真抓好党员队伍、班子队伍建设;积极开展"两学一做"教育,认真学习党的十八届三、四、五、六中全会精神,党的十九大会议精神,以及习近平新时代中国特色社会主义理论;严格遵守政治纪律和政治规矩,增强村干部纪律和规矩意识,按照"照镜子、正衣冠、洗洗澡、治治病"的要求,坚决执行中央八项规定和村干部廉洁自律有关规定,切实履行了"不能腐、不敢腐、不想腐"的诺言;严格控制村务开支,减少非生产性开支,自觉接受村民的监督,定期公开财务、定期报账,维持了村集体良好的运转秩序。

三年来,村党支部还不断地加强党群联系,不断加强党员和群众的管理工作。成立了"十方村党员之家"微信群,并在全镇率先成立"十方村订阅号"公众平台和"十方村和谐大家庭"微信群,及时把党的一系列惠民政策传达落实到全村。同时,组织全体党员干部、村民小组长前往上杭才溪、古田会议旧址纪念馆学习,重温入党誓词,使全体共产党员保持信念不变,党员队伍形象明显增强。

三、保障农村"两委"选举公平公正

江西省龙南县检察院牢固树立大局意识和服务意识,把服务和保障村"两委"换届选举专项预防工作作为重点工作部署和落实,该院通过开展"四个一"工作,主动配合纪检、监察和组织部门开展换届职务犯罪预防工作。

该院联合县纪委、县监察局,通过组织村"两委"备选干部、候选干部到警示教育基地参观学习的方式,开展了一次警示教育活动,对备选干部、候选干部进行了有深度、有警醒作用的预防职务犯罪教育,使其对职务犯罪有更深层面的认识,从根本上预防村"两委"换届选举工作中可能出现的职务犯罪行为。

此外,该院还坚持预防在先、警示在先和教育在先的工作原则,通过制作宣传手册的方式,将近年来换届选举中查办的典型职务犯罪案例作为反面教材,以及对换届选举过程中多发、易发的职务犯罪环节进行剖析,制作成图文并茂的预防宣传手册,发放到村"两委"备选干部、候选干部和部分选民代表手中,充分发挥该宣传手册的教育、宣传作用。

同时,该院主动与县党校沟通联系,组织开展了"预防职务犯罪进党校"活动,通过一场预防教育活动,积极引导干部群众依法参与村"两委"换届选举。该院还组织预防宣讲团深入乡镇、企业、学校、社区和农村开展宣讲活动,积极引导干部群众依法参与村"两委"换届选举,正确行使民主权利。

最后,该院积极与县移动公司和县电信公司联系,通过10086和10000公共短信平台,在全县范围内发送以"预防换届选举职务犯罪,构建良好政治生态"为主题的预防宣传信息,通过一则短信,为村"两委"换届选举营造一个风清气正的良好环境。

第九章　赣南苏区乡村文化振兴与探索

赣州是全国著名的革命老区，是苏区精神发源地，客家人好客崇礼、勤俭节约、自强拼搏等优秀品质世代传承、广为传颂。但近年来一些赌博陋习存在蔓延之势、封建迷信活动日益猖獗，尤其是"风水"观念制约了赣南人们的思想。赣州市深入贯彻乡村振兴战略和中央、省推动移风易俗、树立文明乡风的决策部署，按照"政府主导、群众主体、典型示范、多方联动、机制保障"的模式，全力打造乡风文明的"赣州样板"，迅速构建起全民参与、全域联动、全面提升的工作格局，为赣南乡村振兴凝聚了精神、聚合了力量。2018年1月委托江西省社情民意调查中心开展关于移风易俗的电话调查，1180名调查对象对"乡风文明行动"的支持率、满意率分别达93%、87%。

第一节　打造乡风文明"赣州样板"

一、坚持政府主导，攻坚战态势快速形成

以敢打硬仗的决心、务实有力的举措、灵活创新的方法，迅速形成攻坚战态势。一是"一把手"强势推动。2017年3月召开市、县、乡三级千人视频大会启动，将"乡风文明行动"作为"一把手"工程，按照"三个月集中推进、半

年形成机制、年底全面问效、2018年形成常态"的时间表扎实推进。成立市委常委、宣传部长任组长,分管副市长为副组长的领导小组,并专设办公室。县乡同步成立相应机构,大余、信丰、安远、定南、会昌、赣州经开区、蓉江新区等7个县(区)由县(区)委书记担任组长,其中大余县各乡镇均成立乡风文明管理办公室,增配3~5个事业编制,由副科级干部担任主任。一年来,江西省委常委、赣州市委书记李炳军就"乡风文明行动"作出批示9次,逢会就讲乡风文明,下乡调研必看乡风文明。二是"一盘棋"全面推进。全市297个乡镇(街道)、3765个村(居)整建制同步推进。出台赣州市"乡风文明行动""1+3"文件,"1"指的是《赣州市全面推进"乡风文明行动"工作方案》,"3"指的是党员干部带头移风易俗、加强红白理事会建设、"三沿六区"乱埋乱葬专项整治共3个子方案,明确修订村规民约、建立红白理事会等9项重点举措的行动"路线图"。同时把"乡风文明行动"列入《赣州市"整洁美丽,和谐宜居"新农村建设行动实施方案(2017~2020年)》的重点任务。各县(市、区)均配套出台"1+3"方案或"1+N"系列文件。三是"一把尺"严格考核。将移风易俗工作纳入全市科学发展综合考评和全市公共文明指数考评体系,纳入文明单位、文明村镇、文明家庭、文明校园考评。出台《赣州市"乡风文明行动"工作考核办法》,建立市考核县、县考核乡、乡考核村的分级考核机制。在全省率先探索开展乡风文明第三方测评,实实在在摸实情,考核结果在全市通报。安远县对考核排名靠后的乡镇下发《问题整改通知书》,整改不到位的乡镇、单位约谈主要负责人。建立"日发布""周通报""月调度"工作机制,尤其是每周在市政务微信群发布《快报》和《通报》,县县亮相排名,形成"比学赶帮超"竞争态势,目前已刊发《快报》49期、《周报》48期。

二、突出群众主体,民众参与度不断增强

坚持以群众为主体,让群众有参与感、获得感。一是立体宣传确保家喻户晓。推出各类报道2200余篇(条),新媒体累计发稿2万余篇(条),全媒体推送播出5集移风易俗系列公益广告片。印发各类宣传资料480余万份,入户宣讲2.67万场次,移风易俗文化墙及公益广告面积达63.27万平方米,开展乡风文明

专题宣传演出活动 8006 场。设立"乡风文明监督哨",公布举报电话,大力曝光鞭挞反面典型。二是建立"一约四会"发动村民自治。3765 个村(居)全部修订村规民约,将移风易俗内容具体规范纳入其中,并召开村民代表大会表决通过。建立由村组干部、老党员、退休干部、新乡贤等担任会员的村民理事(议事)会、道德评议会、禁毒禁赌会、红白理事会。目前,红白理事会已全面覆盖成立,并按"一村一策"制定章程,指导标准细化到彩礼金额、随礼金额、办酒桌数、办事天数等,建设公益性婚庆和治丧场所"文明理事堂"的村(居)比例达 69.8%。三是倡导文明理事带动群众参与。对红白理事会骨干成员、殡葬从业人员等群体累计开展培训 124 场(次),参训人员 1.4 万余人。对"风水先生""大师""神婆"进行调查摸底、教育转化,清理取缔流动算命摊点。在红白理事会操办的红白事中,新婚"彩礼"普遍控制在 6 万元以内,酒席桌数在 10 桌以下,各种仪式大为简化,红事费用减少超过 50%,白事普遍一天办结,遗体火化后普遍安葬(放)在公益性公墓(骨灰堂),每场为群众节约开支 1 万元以上。群众逐步开始接受文明理事,主动报备红白事,已报备红事 9831 件,白事 7956 件。各地举办多场集体婚礼,市级举办"大美赣州·千对佳人"集体婚礼,江西省委常委、赣州市委书记李炳军书写《新婚寄语》,时任赣州市委副书记王林云为新人证婚。瑞金、龙南多地集体婚礼得到中央、省各级媒体关注报道。赣州市公交总公司在全国率先推出文明新风尚"公交婚车专属定制"活动,已完成 115 个婚庆订单,得到市民一致好评。

三、注重典型示范,乡村文明风尚不断向好

通过示范点、党员干部、道德模范、身边好人等典型带动,树立农村新风尚。一是打造示范点带动。2017 年,赣州市委、市政府将寻乌县、大余县作为乡风文明示范点进行培育和打造,以点带面、点面结合,示范点建设已初显成效。寻乌县推动移风易俗的做法在全国农村精神文明建设工作经验交流会上进行交流,大余县整治农村陈规陋习的做法得到国家民政部和省委、省政府主要领导的充分肯定。各县(市、区)都选取了 2~3 个镇、村作为示范点进行打造,安远县、章贡区分别打造高标准特色示范村 19 个、10 个,起到了良好的示范带动效应。二是坚持党员干部带头。出台《关于党员干部带头移风易俗、简办婚丧喜庆事宜的若干意见》，并把执行情况列入民主生活会和年度述职内容。出台《关于推动村（社区）干部队伍"三提升"的实施意见》，明确提出"村（社区）党组织和村（社区）干部要做精神文明建设的带头人"。目前全市95%以上村"两委"班子成员和农村党员签订了移风易俗承诺书。崇义县党员带头开展移风易俗"五个一"（一次党委中心组专题学习会、一次民主生活会、一次主题党课、一次主题实践活动、一份承诺书）活动，不断提升党员破旧立新、移风易俗意识。三是培育好人文化引领。着力推进好人文化建设，常态化开展群众性创建活动。各地开展了丰富多彩的"文明家庭""文明信用农户""好婆婆""好媳妇""好邻居""最美庭院"等先进典型评选活动，并予以郑重表彰。2017年，会昌县王必盛入选第六届全国道德模范，成为该届全省唯一入选模范，18人入选"中国好人"，实现月月上榜，创历年来新高。

四、凝聚多方合力，难点问题有效突破

县、乡两级担当起移风易俗的主体责任，领导小组27家成员单位各司其职，市、县、乡、村四级党政齐抓共管、同频共振、整体推进，以问题为导向，使移风易俗重点难点问题实现破题。一是乱埋乱葬现象得到有效遏制。各地、各部门联动，疏堵结合开展"三沿六区"乱埋乱葬专项整治。一方面在于疏。赣州市发改委、民政局联合编制《赣州市"十三五"殡葬服务体系项目建设规划》，规划项目总投资21.97亿元。赣州市城乡规划局将农村公益性公墓纳入城乡建设规划。赣州市林业局配合民政部门科学规划公墓区建设，依法查处非法占用林地建坟行为。规划建设公墓1063个，已启动建设479个，已完成建设256个，公益性公墓和骨灰安放设施已建和在建数比例达69.14%。赣州市被列为全国殡葬综合改革试点单位。另一方面在于堵。要求整治范围内实现"零增量、去存量"目标。全市应迁坟墓6.74万余座，截至2018年3月已搬迁5.96万余座，搬迁率达88.3%。全市火化率达83%，居全省首位。二是"不孝敬、不善待"老人之风得到有效扭转。在全市开展"百善孝为先"主题教育活动，作为乡风文明的重要抓手，重点处置曝光"不孝敬、不善待"老人反面

典型，并予以严厉制约。对劝导无效的反面典型，社会影响较大的，进行公开曝光；违反法律法规的，将其列入"黑名单"，不能享受信贷、教育、就业、产业奖补等优惠政策；对构成犯罪的，依法追究刑事责任。目前已对摸底发现的360名不孝人员进行了登记，开展集中劝导工作。赣州市司法局全面开通"乡风文明法律援助绿色通道"，支持老年人维护合法权益。安远县对不履行赡养义务的案件，法院优先受理，优先判决。全南县已依法处置20余起不赡养老人的案件。三是农村环境"脏、乱、差"得到明显改善。赣州市国土局、城管局等部门深入推进农村生活垃圾和污水治理、"空心房"整治等民生工程。2017年安排农村垃圾专项治理资金6.66亿元，建设乡镇压缩式转运站184个，清运处理垃圾147万余吨。投入"空心房"整治资金6.52亿元，完成整治面积3199万平方米。章贡区垃圾处理率达97%以上。蓉江新区安排1500万元专项用于城乡环境综合整治，累计"拆违"1580起、面积27万平方米，整治"空心房"面积20万平方米，清理垃圾4000多吨。四是其他不良风气得到同步好转。赣州市政府办公厅颁布春节"禁燃令"，全市人民度过了一个安静、干净的春节。赣州市公安局开展打击农村"黄赌"违法犯罪"夏季攻势"专项行动，共查处"黄赌毒"案件2118起，处罚7396起，涉案金额3848.6万元。宁都县印发《关于严肃查处公职人员参与赌博的通知》，对公职人员参与赌博行为从严、从重、从快惩处，领导干部一律先免职再处理。

五、注重工作保障，常态长效机制不断完善

乡风文明行动不能搞"一阵风"，我们坚持建立健全机制，保障工作长期有效开展。一是建立长效机制。出台《赣州市乡风文明行动常态化工作方案》，通过整合"文明之家""文明理事堂""村史馆"三大工作平台，固化农村精神文明建设宣传栏、移风易俗重大事务公示栏，移风易俗文化墙等四个宣传阵地推进"党建+乡风文明""美丽乡村+乡风文明""文明单位+乡风文明""道德典型+乡风文明""志愿服务+乡风文明"五项文明创建，治理浪费风、不孝风、乱葬风、赌博风、迷信风、污染风六类不良风气，持续推进移风易俗入户宣讲活动、"破陋习、树新风"乡风评议活动、"移风易俗新生活"农村妇女培训活动、

"传家风、立家规"主题教育活动、"移风易俗树新风"专题文艺演出活动、"移风易俗进万家"小手拉大手主题实践活动、"大力移风易俗,树立文明乡风"专题宣传活动七大宣传活动,以"34567"常态化工作实现"乡风文明行动"制度化、规范化、常态化。二是建立激励机制。2017年全市各级乡风文明行动经费达4.62亿元,其中办公室工作经费933万元,红白理事会经费2844万元,殡葬改革经费4.24亿元。落实领导小组工作经费。市级每年乡风文明预算经费100万元,各地财政也将移风易俗经费纳入年度预算。落实红白理事会运行经费。大部分县市已按当地农业人口人均2~10元的标准安排财政预算,部分县市按村平均标准进行预算,理事会成员可以领取一定的误工补助。其中章贡区村均经费达5.9万元,经开区、定南、龙南、大余、全南等县村平均经费1万元以上。落实殡葬改革工作经费。市级安排"三沿六区"乱埋乱葬专项整治工作经费和奖补资金676万元,并制定《赣州市绿色殡葬奖补激励办法》,保障专项资金投入。公益性公墓建设资金达2.78亿元,"三沿六区"专项整治工作经费1.46亿元。三是建立督导机制。建立全面、重点和日常督查相结合的督导机制,组长和副组长一月一督导,赣州市文明委组成人员挂点联系乡镇两月一督导,领导小组办公室常态化督导。目前已开展全面督查3次,重点督查4次,日常督查15次,印发通报5个,督办函59个。瑞金市主要领导每月主持督导,后三名的乡镇党委书记和挂点市直单位主要领导要在督导推进总结会上表态发言,对三次在倒数三名名单里的乡镇进行组织处理。

经过一年来全面的推进,赣州市"乡风文明行动"取得了阶段性成效。2017年8月21日,全省农村精神文明建设经验交流暨移风易俗工作推进会在赣州召开。中共中央宣传部《宣传工作》《每日要情》、中央精神文明建设指导委员会办公室《精神文明建设》、中国文明网先后刊发赣州的经验做法。下一步,赣州将在以下几方面进一步推进乡风文明行动。

一是进一步发挥基层党组织的核心作用。首先解决好认识问题。把乡风文明建设工作作为基层党组织"两学一做"的主要内容,纳入新一届村(社区)干部教育培训内容,确保新任职的村(社区)干部对乡风文明工作认识到位、要求清楚。其次解决好保障问题。加强基层服务型党组织建设,基层党组织书记要选优配强,持续整顿软弱涣散的基层党组织,强化基层党组织开展乡风文明工作

第九章 赣南苏区乡村文化振兴与探索

的人员、资金、场所和激励保障。

二是进一步发挥"一约四会"的自治作用。遵循"因地制宜、便于落实"的原则修订完善"村规民约",避免"千村一面""假大空"。探索制定《红白理事会常态化管理办法》,研究出台红白理事会实际操作模式,推动规范运行。充实一批有威望、有热情、有能力的理事会成员,加大教育培训力度,提升服务能力和水平。探索村级组织赋予红白理事会更多议事权,解决部分红白理事会无话语权、工作开展难的尴尬局面。

三是进一步发挥关键少数的带动作用。落实《关于党员干部带头移风易俗、简办婚丧喜庆事宜的若干意见》《关于推动村(社区)干部队伍"三提升"的实施意见》,依法依纪狠刹党员干部大操大办、打牌赌博、互相攀比等不正之风。持续开展"巾帼助力乡风文明"等教育培训活动和"好婆婆""好媳妇"等评选表彰活动,全面完成"移风易俗新生活"农村妇女大培训。开展"小手拉大手""我和我家的移风易俗故事""移风易俗童谣征集传唱""传家风、立家规"等主题教育活动。制定务实管用的措施,对"风水先生""神婆"等严格规范管理,通过举办职业转型培训班、创业培训班等形式,引导帮助从业人员转型。

四是进一步发挥体制机制的长效作用。修改完善《乡风文明行动考核办法》,提高考核的针对性和实效性。严格执行好《赣州市乡风文明行动常态化工作方案》,落实好"34567"常态化工作举措。常态运行好"日调度""周发布""月汇报"调度机制,指导督促各地按照时间节点、阶段重点推进工作。

五是进一步发挥示范区(带)建设的带动作用。2018年,拟选取获全国文明城市荣誉的中心城区章贡区、赣县区和获得全国文明县城提名资格的大余县、龙南县、瑞金市等共5个县(市、区)打造精神文明建设统筹城乡发展示范县。选取"乡风文明行动"基础较好的寻乌、全南、崇义、安远4个县作为农村精神文明建设示范县进行重点培育,力争形成可复制、可推广的经验和模式,在全国、全省再育新典型,再创新经验。按《赣州市乡风文明行动常态化工作方案》提出的工作目标,到2020年底,力争每县建成1~2个乡风文明连片示范区或示范带。

乡村振兴理论指导下的赣南苏区的实践与探索

第二节 赣州乡风文明建设的典型案例

一、"畲乡好人"评选

赣州市政府坚持以正面宣传为主,向群众弘扬陪伴孝敬父母、探望师长、看望乡亲、尊老爱幼等传统美德,推出一批正面典型,以正面典型示范带动移风易俗,推动形成良好社会风气。同时利用负面新闻,对不文明行为进行曝光,推动群众抵制不良风气。春节期间,全市共发布正面报道32篇,负面报道6篇。在信丰县蓝氏畲族宗亲表彰大会上,13名"畲乡好人"喜获表彰。这是当地畲民自发设立的首届"畲乡好人"评选活动,这一活动迅速在当地引发热议并传为美谈。信丰县是畲族在江西境内的重要聚居地之一,现有四个蓝氏畲族村,总人口近万。近年来,得益于党和国家的民族政策,畲族村民积极投身当地经济建设和社会主义精神文明建设,涌现出一批爱国爱家、助人为乐、诚实守信、见义勇为、热心公益、创新创业、勤学上进、孝老爱亲等方面的模范和榜样。为进一步培育和践行社会主义核心价值观,大力倡导乡风文明,创建美好家园,传承良好家风,信丰县蓝氏畲族宗亲联谊会组织开展了首届"畲乡好人"评选活动。经过四个蓝氏畲族村村委会推荐初选,组委会严格把关评审,决定对蓝善勇等13位全县首届"畲乡好人"给予表彰。

正平镇畲族村民蓝善勇、蓝寿生带头创新创业,他们致富后不忘回报社会,热心社会公益事业,赢得广大村民好评,这次荣获"畲乡好人"称号,两人十分激动,表示今后要珍惜荣誉,再接再厉,用自己的实际行动推动社会良好风气的形成,为建设秀美富裕、文明幸福新畲乡做出自己的贡献。

二、石城狠刹"请客送礼"之风

近年来,请客送礼之风较为盛行,结婚宴、祝寿宴、乔迁宴、满月宴、升学宴等名目繁多的请帖满天飞,令人难以招架、苦不堪言,给不少家庭和个人带来了沉重的经济负担。赣州市通过宣传、教育、监督管理,逐步制止这种风气,其中石城县的治理效果尤为突出。

如今,在石城县,无论什么宴请都不送礼不收礼,这被称为"石城现象"。石城县是千里赣江的源头县,素有"客家摇篮"的美称,是客家文化的重要发祥地之一。当地百姓民风淳朴、热情好客,客家风情浓郁,每逢有婚丧嫁娶、生儿育女、生日贺岁、老人祝寿等大事,主人便会宴请左邻右舍、亲戚朋友前往共同聚餐,但与其他地方礼俗不同的是,前往聚餐的宾客一律不用送礼,即使外地宾客送上礼金也会被主人婉言谢绝。这种"请客不收礼"的习俗覆盖了整个石城县城乡,形成了当地的一种文明新风。不过,以前石城县请客收礼的情况非常普遍,无论是婚丧嫁娶、生日贺岁,还是老人祝寿、乔迁大喜,受邀的宾客要有"随礼"送上,受邀的宾客若不"随礼",显得不知礼数,请客的主人若不收礼,则显得不近人情。这实际上会给个人和家庭带来较重的经济负担。石城县从政府官员入手,不允许公职人员参与请客收礼,送礼的风俗习惯逐渐发生变化。一方面是请客收礼的范围在缩小,由以前所有的请客都要收礼,发展到仅结婚出嫁、乔迁大喜等个别特大喜事会收礼,再发展今天所有的请客都不收礼;另一方面是请客收礼的对象在减少,以前所有的受邀宾客都要送上一份厚礼,后来演变为仅接收自己的直系亲戚、至亲好友的送礼,发展到今天所有亲戚朋友、左邻右舍、同学同事等都不需送礼,宴请主人也不会接收任何宾客的礼金。如今走进石城县,请客不收礼的文明习俗蔚然成风。

三、寻乌县、全南县倡导健康文化

在寻乌县广大农村,跳广场舞、吹拉弹唱、打球、下棋、写字等各种健康向上的文体娱乐活动如雨后春笋般开展起来,打架斗殴和参与六合彩等赌博现象明显减少了，红白喜事大操大办、铺张浪费、盲目攀比等陈规陋习和歪风邪气得到破除，文明程度不断提升，文明乡风已吹遍寻乌。

全南县在当地政府的支持下，由回家的乡贤们筹资举办的辞旧迎新联谊会在陂头镇潭口村杨梅石组举行。联谊会上，乡贤们请来舞龙队表演，摆上"百家宴"请全村人吃团圆饭，还为全村每位60岁以上老人派发红包。陂头镇潭口村杨梅石组以前交通不方便，2017年村里修通了水泥路，每户还发展起柑橘、毛竹、西瓜等产业。在村委会的支持下，回家的乡贤自行筹资捐款，为村里的乡亲举办了首届新春联谊会，让村民们聚在一起看"春晚"，在新年新风中感受浓浓的乡情、邻里情。

第三节 信丰县创建"合唱之乡"

近年来，信丰县群众文化的形态正悄然发生着变化，而最能反映市民文化素质和参与文化活动热情的艺术形式，当属合唱。信丰县群众性合唱团队有115支，成员近万人。如今，在信丰大大小小的公园、广场、文化场馆，尤其是社区活动室，都能看到合唱团队表演、排练的画面。可以说，合唱活动已经成为信丰市民文化生活的重要内容。不仅如此，这些合唱团队也让信丰有了一道别致的风景——机关单位、厂矿、学校、社区等，凡是有老百姓活动的地方，总会有歌声飘过。

几年来，信丰县委领导班子遵循"文化特色发展"思路，努力为申报"合唱之乡"搭建平台，积极引导，形成现在年年有大赛、月月有活动、周周有排练的热闹景象，"合唱之乡"名副其实。欢快的歌声、和谐的氛围弥漫在橙乡大地，合唱文化成为该县一张亮丽的文化名片，橙乡飞出了欢乐的歌。

一、一个班子推动一项工程

近年来，信丰县委、县政府高度重视创建"合唱之乡"工作，全力打造

第九章 赣南苏区乡村文化振兴与探索

"歌城"品牌。2012年5月,信丰县成立了合唱协会,举办了信丰县创建"合唱之乡"启动仪式暨江西省合唱基地挂牌仪式,并邀请了中国合唱协会理事长田玉斌、常务副理事长李培智以及江西省合唱协会、赣州市合唱协会筹备会领导参加了启动仪式。同日,江西省合唱协会在信丰挂牌设立了江西省合唱协会(信丰)合唱示范基地,聘请了江西省合唱协会常务副会长甘树椿为示范基地顾问,赣南师范大学音乐系专业指挥汤光华老师为示范基地首席指挥。此外,在信丰县举办了江西省合唱协会(信丰)基地合唱指挥培训班,由江西省合唱协会专家亲自授课,参加培训的人员来自赣州及各县、市共130多人,取得了良好的社会效益。

为了进一步提升整体水平,信丰县积极鼓励、组织合唱队员参加各类合唱辅导班、讲座等,经常利用业余时间参加排练,促使他们努力提高自身的专业水平,使这些合唱队员能真正代表信丰人民唱出高水平。信丰县还以发展先进文化为动力,按照科学发展观的要求,努力完善公共文化服务体系,积极提升"合唱之乡"的品牌建设。对内加强各级各类合唱组织的领导,对外则加强与中国合唱协会、江西省合唱协会等专业协会和优秀合唱团队的沟通,精心构建文化交流平台,全力打造更加精品化、更具"地标性"的合唱团队和合唱作品。

为进一步打造合唱文化活动品牌,县委、县政府把合唱活动列入议事日程,坚持每两年举办一次合唱节,2011年和2013年已成功举办了两届合唱艺术节,2018年又举办了第三届以"中国梦·橙乡韵"为主题的合唱艺术节。合唱节的举办推动了信丰县合唱事业的蓬勃发展,两年一度的"合唱艺术节"已成为该县重要的文化品牌活动。通过合唱活动,凝聚广大干部群众改革创新、砥砺奋进的强大动力,激励万千橙乡儿女干事创业、建设家乡的澎湃热情。丰硕的成果,不仅增强了城市的影响力和知名度,也提升了城市的品位,促进了信丰县合唱事业的蓬勃发展,合唱已成为信丰县一张亮丽的文化名片。多年来,在江西省合唱协会及上级各主管部门的大力支持和关心下,信丰县的合唱事业得到了蓬勃的发展,群众性合唱队伍不断发展和壮大,目前全县共有合唱团队115支,其中示范性合唱团10支。

二、一支队伍带动全民参与

近年来,信丰县合唱团队如雨后春笋般成长壮大,这些团队的发展离不开示范合唱团队的示范带动作用,其中最有影响力的当属信丰县群星艺术团。信丰县群星合唱团成立于2010年3月,是丰富该县干部群众文化生活的重要力量,主要由机关干部、单位职工、学校教师等100余名业余音乐爱好者组成,合唱团以演唱经典红歌和地方民歌、展示干部职工风采为宗旨,曾参加"全国南方三年游击战争理论研讨会"等重大文艺演出。

经过几年的发展,如今信丰县群星艺术团成为该县一支赫赫有名的合唱团队,也成为该县艺术爱好者的交流阵地,成为培养优秀合唱指挥、优秀培训教师的重要平台。群星艺术团的演员利用在团里学到的知识带动其他合唱团的发展,他们免费充当文化志愿者的角色,活跃在信丰的广场、公园、校园和社区,成为信丰人精神生活的新景观。现在的信丰县大到上千人的歌会,小到几十人的街道社区歌咏活动此起彼伏、层出不穷,标志着合唱活动已深入人心,充分展示出新时代信丰人民的精神风貌。信丰县除开展合唱比赛表演外,还鼓励各合唱团队组织开展对外交流活动。2011年6月,信丰县群星合唱团代表江西省参加了由国家文化部、重庆市委、市政府主办的中华红歌会比赛,取得优胜奖,使合唱团走上了正规化的道路。目前,该县文化志愿者达510余人,在信丰县精品合唱团群星合唱团、老年人合唱团、红领巾合唱团等示范团队的带动影响下,该县100多支合唱团吸引了10000多名合唱队员。

三、一次合唱彰显鲜明主题

2018年上半年,信丰县文化艺术中心排练大厅不时传来阵阵排练大合唱的美妙歌声。这是该县各大合唱团队在为4月29日举办的"中国梦·橙乡韵"合唱节进行精心准备。13支机关队伍和16支乡镇队伍同台演唱,同唱中国之梦,欢度"五一"劳动节。

嘹亮的歌声,整齐的队伍,统一的着装,2000多名党员干部同台歌唱,以歌声表达对生活的热爱、对劳动的热情和对赣南苏区振兴发展的期盼。合唱活动在机关组供电系统大合唱《中国之梦》《红旗颂》中拉开序幕，《远方的客人请你留下来》《康定情歌》《天路》《打靶归来》等一首首荡气回肠、催人奋进的歌曲不断响起，动人的旋律、铿锵的歌声唱出了广大群众立足岗位、为实现中国梦而不懈奋斗的坚定理想和信念。大合唱《永远跟党走》《江山》《我们走在大路上》《旗帜颂》《香格里拉》等，唱出了广大党员干部积极投身苏区振兴发展热潮、为民服务、访民情解民忧、打好扶贫攻坚战的信心和决心，展现了党员干部一心为民的务实情怀和人民群众在党的领导下生活越来越幸福的美好景象。

信丰县一直以来就有"比屋弦歌"的美誉。近年来，随着人们生活水平的提高，群众性合唱活动在信丰县城乡得到空前发展，无论是在工厂、学校里，还是在机关、团体中，大合唱成为该县弘扬爱国主义情操，活跃群众文化生活，进行自我娱乐、自我教育的重要文化活动。

"我们的合唱团队，处处体现着团结和奉献精神。"说起合唱协会，信丰县文化馆馆长戴丽芬很是自豪。她说，在协会，大家对合唱的"合"字有着深刻的理解。合唱是集体合作的艺术，要求参与者具备团队精神、奉献意识。不仅歌唱时要根据声部的要求，服从集体，演唱之外也需要互爱互谅，共同营造和谐美好的氛围。在合唱协会，在合唱团里，大家不分你我，没有利益冲突，如歌声般纯净、欢乐。

一次次精心组织的合唱活动主题突出，凝聚了人心，团结了干群关系。如今，该县业余的合唱活动进入了有人关心、有人组织、有人提高的新阶段，信丰县的合唱文化活动也渐渐成了该县一张活跃的文化名片，先后参加并举办了"凝心聚力促和谐"文艺晚会、"三送"宣传文艺演出、为高考的学子进行慰问演出、"永远热爱党、永远跟党走"橙乡歌会暨第三届艺术节青年歌手大奖赛、"橙之韵"新春音乐会等一系列大型活动。内容为歌颂共产党、歌颂社会主义、歌颂伟大祖国、歌颂改革开放、歌颂人民群众、歌颂民族团结、歌颂幸福生活、歌颂劳动创造、歌颂美好未来的合唱活动得到信丰县广大党员干部积极参与，大家在合唱中既展示了自己的风采，也增强了团队的凝聚力。信丰一小的老师郭华敏说："合唱活动对于我们来说是非常有意义的，既丰富了我们的业余文化生活，又增强了我们的团队凝聚力,对于我们自身来说,也是一次很好的锻炼和提升的机会。"

四、一支好歌久在百姓流传

"山有几道弯,水有几道弯,弯呀,弯呀,总有脐橙香!"

"风调雨顺,充满希望,人信物丰,百业兴旺。吉祥的彩云绕山岗,吉祥的橙乡喜洋洋。啊吔,鼓也欢腾,锣也敲响,人信物丰,人人向往。吉祥的鸟儿报喜讯,吉祥的橙乡奔小康。"

著名歌唱家张也倾情演唱的信丰县歌《橙乡吉祥》,让全国人民认识了信丰、了解了信丰,更让信丰群众"扬眉吐气",彰显了信丰父老乡亲热爱生活、感恩党的美好情怀。

近年来,信丰县审时度势,紧扣时代脉搏,紧贴群众需求,着力提升全县文化软实力,强力加强文化建设,努力打造文化强县、"合唱之乡",极大地丰富了人民群众的精神生活,满足了人民群众对精神文化的需要,使该县的文化建设走在了全市前列。《橙乡吉祥》的推出,是信丰县打造"合唱之乡"的经典之作,是近年来信丰县群策群力、合力打造"合唱之乡"的成果总体现。"合唱之乡"的打造,为百姓搭建了一个大舞台,各类活动风格质朴亲近、语言幽默风趣,乡土气息浓厚,丰富了农村的文化生活,凝聚了民心、鼓舞了干劲、增进了和谐。各合唱团通过贴近生活、寓教于乐的演出,消除了干群间的隔阂,化解了邻里间的矛盾,成为推动平安信丰建设的"稳压器"。通过演出,合唱团以合唱的形式把党的政策宣传到群众中,潜移默化地提高人民群众的思想认识、精神状态和生活方式,成为和美信丰建设的"健脑丸"。

《橙乡吉祥》唱出了信丰人民的心声,唱出了信丰人民对未来美好生活的憧憬与期待,唱出了凝聚力与向心力,更提振了全县干部群众主动适应新常态、打造新信丰的信心。

第四节 以重构乡魂，促进赣南美丽乡村建设

兴国县重构乡魂，促进乡村文化建设，主要是从以下几个方面采取措施。

一、制定新农村建设规划

兴国县遵循在四年内将全县农村"扫一遍"的基本工作思路，2017年制定下发了《兴国县"整洁美丽，和谐宜居"新农村建设行动规划（2017～2020年）》《兴国县2017年度"整洁美丽，和谐宜居"新农村建设工作方案》，共安排588个自然村进行新农村建设。为有效推动规划工作，聘请了上海开艺建筑设计有限公司、福州绿榕园林工程有限公司、赣州市田野景观规划设计有限公司等13个专业规划设计队伍对588个新农村建设点进行规划设计，各个乡镇、抓点单位能结合乡村实际，动员当地农民群众参与到规划中来，经过乡村初审、县新村办审核再反馈修改等程序，目前52个脱贫村和13个特色金叶新村建设点全部完成了评审并已出规划文本，村庄整治建设规划到位率100%，其中兴莲官田、龙口睦埠和隆坪上洛等建设点的规划设计方案亮点较突出，有较强的建设性和可操作性。

二、村庄面貌改善明显

经过集中推进，各建设点的环境面貌有了明显的改善，所有建设点已全面开工，开工率100%。完成"空心房"拆除2963栋379145平方米，立面改造1609栋58.18万平方米，坡顶改造334栋4.49万平方米，通组路93.6公里，入户道9964户，新改水2998户，改厕2499户，排水沟23公里；新建综合服务平台5个，卫生室13个，便民超市12个，农家书屋12个，文体活动场所17处，垃圾处理设施92处，污水处理设施5处，公厕5个，金融网点14个，公交站3个。

高速沿线立面整治已粉刷外墙554栋246329平方米，平改坡47栋5640平方米，整治户外广告牌25处。其中高速沿线乡镇及连接线已粉刷外墙10763平方米，平改坡1200平方米，拆除空心房15332平方米，整治户外广告牌25处。

三、打造秀美乡村连片工程

力争2018年申报成功乡村旅游4A级景区，推动兴国县新农村建设再上一个新台阶。在布点时要确保实现36个深度贫困村和2018年预脱贫村全覆盖，按照沿线连片建设出特色亮点的思路，推进3条精美示范风景线（杰村乡含田村—埠头乡田庄上—垓上村—龙口镇睦埠村、县城—永丰乡高铁站—隆坪乡高圆村、高兴镇苏园—高多村—崇贤乡霞光村—崇贤乡圩镇—崇贤乡崇义村）、2个精美示范乡镇（高兴镇、埠头乡）和美丽示范县建设，打造龙口睦埠和高兴高多2个乡村田园综合体，扮靓生态秀美新农村。

四、着力完善"七改三网"和"8+4"配套建设

在进行项目规划、申报时，重点完善"七改三网"（改房、改路、改水、改厕、改沟、改塘、改环境，电力网络、广电网络、互联网络）基础设施建设、配套健全"8+4"（"8"指综合公共服务平台、卫生室、便民超市、农家书屋、文体活动场所、垃圾处理设施、污水处理设施、公厕；"4"指小学、幼儿园、金融服务网点和公交站）公共服务项目。

五、大力整治农村生活环境

全面实施农村环境整治三年行动方案，持续推进以农村生活垃圾、污水治理和村容村貌提升为重点的环境综合整治，深化"全域化"的农村环卫第三方治理，通过常态化开展"讲文明、树新风"活动，引导落实"户分类、村收集、乡转运处理"垃圾处理职责，建立长效的保洁机制，巩固农村生活垃圾治理成效，确保顺利通过国家验收。结合"增减挂钩"政策，做好"空心房"

拆除工作，对拆除后土地要及时整理、合理利用，做好拆除农村危旧"空心房"扫尾。

第五节 赣南乡村文化建设——以信丰县为例

信丰县的乡村文化建设，主要从以下几个方面进行。

一、创新投入机制，加大乡村公共文化设施建设

信丰县对乡村文化广场和文化室按国家标准完善提升，达到"五个一"标准：1个面积100平方米的文化活动室，1个600平方米的文体小广场，1个农家书屋，1套"村村响"广播和应急响应系统，1套文体器材。2015年，第一批30个村文化活动室已经建设完成。2016年，信丰县积极推进第二批公共文化服务标准化示范点建设，每年都打造5个村级文化活动中心，并加强搬迁移民集中安置点公共文化设施建设，把文化设施建设规划纳入移民搬迁集中安置点建设规划，并按照"五个一"标准，扶持大塘埠镇合兴"三引点"社区、铁石口镇长远新村、高桥新村等搬迁移民集中安置点建设符合标准的文化室（活动中心）和文化广场。整合贫困村宣传文化、党教、科普、体育健身等设施资源，建设了一批综合性文化室，搭建贫困村综合性公共文化服务平台，丰富和完善服务功能。目前，信丰县已完成了16个乡镇综合文化站的新建工作，建设村（社区）文化活动室293个，农家书屋273个，在全县16个乡镇设立了263个文化信息共享工程基层服务点，通过多年的努力实现了村村有文化活动广场、有戏台的目标。广播电视村村通和农家书屋建设覆盖率达100%。县、乡、村三级公共文化服务设施网络基本形成，为公共文化服务提供了更高效、更可靠、更便捷的载体。

二、典型示范引路,制定公共文化服务标准

2015年信丰被列为全市公共文化服务标准化建设试点县。根据中央、省、市文件精神制定了《信丰县公共文化服务标准化建设实施方案》,明确了县、乡(镇)、村三级公共文化服务建设的标准、任务和时限。试点工作将在三年内分期分批完成,每年推出一批达到国家、省基本公共文化服务标准的典型成果。2015年,以中心村、大型社区为重点打造了30个公共文化服务示范点,整合党建、科普、体育健身等各种资源,建设村(社区)综合性文化服务活动室,让农民在家门口享受便捷的文化服务,县财政将以奖代补的方式给予扶持。2016年,信丰县积极推进第二批公共文化服务标准化建设和"农家书屋+电商"建设,投入230余万元,完成了73个示范点建设,其中市级10个、县级63个。目前,完成了32个"农家书屋+电商"服务示范点建设任务。通过"农家书屋+电商"服务示范点建设,有效推进了互联网与公共文化服务融合发展,创新了公共文化服务新模式,大力促进了农村公共文化服务体系建设、公共服务信息传播、电商进农村体系建设和农产品交易等。同时,信丰县各乡镇的民俗文化表演丰富多彩。在重大节日,国家级非遗保护项目古陂蓆狮、犁狮,省级非遗保护项目大阿子孙龙、万隆瑞狮迎龙,嘉定镇镇江村王氏感恩节等,都要举行民俗文化活动。通过举办民俗文化活动,凝聚了民心,增进了邻里和睦关系,打架、斗殴、赌博村风陋习少了,讲文明树新风的多了,带动了村风民风明显好转。

三、强化人才支撑,推动乡村文化队伍建设

信丰县为每个乡镇文化站都配置了专(兼)职工作人员,每村有一名财政补贴的文化管理员。县文化馆、图书馆、博物馆等单位建立了文化志愿者队伍,服务于贫困村文化培训和辅导工作。各乡镇组建了民营业余文艺团队,每村建立了一支业余文艺队伍,成为农村文化服务的重要补充,把乡土人才、民间艺人培养成农村文化的主力军,激发基层文化人的创造活力,使许多沉寂的乡土文化人才焕发了热情,积极参与到文化建设中来。信丰县建立健全了规章制度,推进了

县、乡、村公共文化机构服务的规范化、标准化、制度化，以打造"二胡之乡""合唱之乡""舞龙之乡"为重点，大力培育乡镇文化队伍，确保每个乡镇至少有一支二胡乐队、一支合唱团、一支舞龙队。目前已培育和建立了800人以上规模的文化志愿者队伍，并加强了培训，不断提高志愿者文化素质。

四、盘活文化资源，乡村文化遗产得以保护

在非物质文化遗产保护方面，信丰县鼓励贫困村群众积极参与非遗保护传承活动，每人每天给予100元的补助，对成功申报国家级、省级的项目传承人给予5000~30000元的资金奖励。建立完善了传承名录体系和传承保护机制，出版了非遗画集《橙乡古韵》。目前信丰县已向上级争取文化遗产保护资金600多万元，成功申报国家级保护项目一个（蓆狮、犁狮）、省级保护项目5个、市级保护项目7个、县级保护项目32个。争取上级资金80万元完成了上乐塔的抢救性保护维修，争取上级专项保护维修资金80万元完成了待批省保单位大埠头黄氏宗祠的保护性修缮。争取到全国重点文物保护单位大圣寺塔和玉带桥保护专项资金331万元，其中大圣寺塔修缮工程263万元，玉带桥保护维修工程68万元。新屋里毛泽东旧居、古陂中革军委旧址、红军干部学校等一批革命旧居旧址被列入2015年原中央苏区红色旧址保护维修计划。

第六节　发挥乡村新力量，促进乡村文明建设

一、村民理事会对乡村文明建设作用

村民理事会是指村民自愿成立的村民理事会，其成员由村民推选产生，一般由德高望重的老党员、老干部等组成。村民理事会配合、协助村民委员会开展工作，村民委员会支持、指导村民理事会组织村民开展精神文明建设、兴办公益

事业。

赣州市政府在构建农民理事会、改善乡风民风等方面发挥重要作用,包括修桥铺路理事会、扶危济困理事会、危房改造理事会、红白理事会等。2017年底,全市2802个村(居)建立了红白理事会,占76%;2609个村(居)制定或修订了村规民约,占71%;已规划建设公益性公墓1453个,已启动建设公墓196个,三沿六区范围内已搬迁坟墓14255个。

石城县村民理事会存在非常普遍,并且发挥了很大的作用。在农村危旧土坯房改造初期,理事会成员主要负责政策宣传,他们挨家挨户发放宣传单,发动群众参与土坯房改造。后来,他们又协助村民进行宅基地流转、收集建材销售信息、帮助解决劳动力问题等。凡是有需求的地方,就会有理事会成员的身影。理事会一般由村里德高望重的人组成,开展工作都比较顺利,再加上理事会处事公正、处处以身作则,村民遇到问题,都会在第一时间想到理事会。

石城县农村还有产业发展、文体活动、矛盾纠纷调解等各种类型的理事会,理事会覆盖了农村事务的各个方面,有矛盾调解理事会、文体活动理事会等。有些理事会是专门为处理某一件事情而成立的,比如造桥、修路等,等事情结束后就会解散。据统计,石城县目前有公益事业理事会120多个、产业发展理事会80多个、红白理事会50多个、农村危旧土坯房改造理事会130多个。

村民理事会充分体现了村民的主体地位,是农村民主自治的一种重要表现形式。有了村民理事会,许多原本棘手的问题得以顺利解决。在2008年,陈江村村民就开始着手修建通村公路。根据工程造价,修通全长5.7公里的公路需要130多万元。村民急功近利,刚筹集到40万元就开始动工建设。后来因后续资金没有跟上等问题,工程就停止了,一停就是4年。2018年8月,在村民的强烈要求下,工程再次启动。为了不重蹈覆辙,村里选举产生了理事会专门负责修路问题。理事会不负众望,以身作则,带头捐资出力,并利用农闲时间外出募集资金。在理事会的带动下,村民们踊跃投工投劳,一个月时间,就硬化道路超过3公里,预计10月底公路就能建成通车。据不完全统计,石城县理事会每年为群众解决大小问题1000多个,调解矛盾纠纷300多起,带动村民就业2000余人。

第九章 赣南苏区乡村文化振兴与探索

二、发挥广大乡贤在乡村文明建设中的作用

乡贤在农村社会治理中的地位非常重要，作用不可或缺。乡贤是连接传统与现代的桥梁，通过乡贤示范引领，可以教化乡民、反哺乡里、涵养文明乡风，以更好地让村民行为有法度、价值有引领、操守有规范。赣州市政府非常重视乡贤，注重发挥离退休干部、知识分子、优秀农民工、企业家、知名人士在乡贤文化中的引领作用，传颂"古贤"、挖掘"今贤"、培育"新贤"，鼓励乡贤积极参与乡村公共建设和公益事业，邀请乡贤参与乡村建设，传承和弘扬乡村文明。

在于都县岭背镇塘内村外出打工青年谢旭辉的倡议带领下，通过微信群纽带，探索建立了"互联网+农村公益"的志愿服务新模式，把两村几百名在外打工青年凝聚在一起，通过"一月一捐、一日一善"的爱心活动，每月捐得善款8000元左右，用于解决社区日常运转的资金问题。社区还成立了理事会和农村志愿服务队，精心设计了活动内容，营造了孝老爱亲、尊老敬贤的浓厚氛围。每月为社区老人过集体生日，举办道德讲堂，每天为老人免费提供养生午餐，让老人们老有所乐、老有所学、老有所为。

全南县在抓好"三沿六区五边"乱埋乱葬专项整治行动工作中，积极建立起乡贤干部示范带动机制，由政府引导、干部参与、党员乡贤示范带动，在坟墓迁移、出资出劳、土地置换、调解纠纷等方面主动作为，发挥带头示范作用，带动普通群众配合迁坟，最终成效显著，仅半月时间全县便完成沿线范围迁坟103座。每年春节，许多乡贤自发为乡村老人派发红包，推动敬老爱老的风尚。

兴国县永丰乡果溪村从2009年起，每年的农历大年初三都会如期举行晚会。晚会节目都是村民自编自演，村民积极踊跃参与演出，他们用自己喜爱的文艺节目表达心中的喜悦，表达新年的祝福。晚会所用经费由乡贤赞助。演出现场人头攒动，热闹非凡，每年表演的20个文艺节目个个精彩，通过舞蹈、歌曲、相声、乐器演奏等节目形式，展示了新时期果溪村的新面貌，展现了新时期果溪村民积极向上的精神风貌。晚会现场，乡贤还捐助爱心善款奖励品学兼优的学子，为弘扬社会主义核心价值观发挥了重要的作用。

三、发挥大学生村官的作用，助力乡风文明建设

大学生村官皆为高校毕业生，年纪轻轻、充满活力，有文化、有激情、有梦想。赣州市充分发挥大学生村官的作用，引导和鼓励他们推进乡风文明建设，使他们成为这一行动的传播者、解惑者、践行者。

首先，大学生村官通过制作村部宣传栏、开通村广播、悬挂横幅、张贴海报等方式，对抵制迷信、移风易俗、道德模范等先进事迹进行宣传，力求让村民看得进、听得懂、易接受。同时，还通过建立村组干部微信公众号、微信群、微博、QQ群等新媒体形式进行正面舆论引导，实时传播乡风文明建设的好做法、好经验，曝光不良现象。积极宣传社会主义核心价值观，营造有利于农村健康和谐发展的氛围，提高村民对乡风文明建设的知晓度、认可度和参与度。

其次，大学生村官利用自身文化水平高的优势，积极开展文明乡村建设、文明志愿服务、科普知识推广等工作，大力推动乡风文明建设。比如，组建乡风文明宣讲小分队、志愿服务队，由大学生村官担任宣讲员，定期到村委会、圩场、集市、村文化广场等村民聚集的地点，宣传乡风文明建设等方面的典型案例；组建乡村"道德讲堂"平台，大学生村官自己主讲，或邀请有关方面专家作主讲人，大力宣传婚事新办、喜事俭办、厚养薄葬、健康生活等先进理念。

最后，做好乡风文明的"引领者"。大学生村官大都刚从高校走出来，年纪轻轻、风华正茂，正好也面临谈婚论嫁等个人问题，许多大学生村官践行乡风文明，让新乡风潜移默化影响村民，不断提升农村的文明水平。

案 例 篇

第十章　日本乡村振兴典型案例

第一节　日本神山町的乡村振兴案例研究

图 10-1　神山町村貌

乡村振兴理论指导下的赣南苏区的实践与探索

案例摘要：神山町是德岛县东北部的町，位于德岛县约中央位置。距离大阪市和神户市中心只有 140~160 公里的路程。这里曾经是一个只有老人留守的落后小乡村，但是如今已成为令人向往的"绿色硅谷"，聚集了数十家 IT 企业，在这些 IT 企业的带动下，其他相关产业也发展了起来，而发展的同时，这里宜人的自然风景却不曾改变。

案例内容：神山町的成功跟东京高科技产业的转移具有密不可分的关系。

一、科技产业转移历史背景

20 世纪 90 年代，由于东京等一线大城市人口过度饱和，日本启动了"乡土远程办公"计划，这种方式的好处是既实现了地方人口增长又不会抢夺地方工作机会。与此同时，企业也在寻找降低成本分散业务风险的发展计划。2010 年，一家叫 SanSan 的 IT 企业或许是因为大城市房租太高，决定在神山町建立公司的卫星办公室，通过远程办公来处理业务。SanSan 的大胆尝试带来了奇效，在乡村的卫星办公室比想象中的效率还要高，而且公司的业务也没有受到任何影响。

因为这种卫星办公室展现出了优越性，于是吸引了一大批风投企业以及诸如雅虎、谷歌之类的高科技企业租下旧民居用作办公场所，这些企业的入驻给小镇带来了人气和生机，这里丰富的自然资源与自由的工作方式为员工提供了宽松氛围，大大激发了他们的创造性。

另外，员工们在享有同东京本部员工相同报酬的情况下，又可以用低成本享受高品质的生活，不必担心堵车与空气污染，可以购买新鲜的有机蔬菜，可以享受有名的神山温泉。

二、神山町优质配套、基础设施、服务

神山町所在的德岛县，拥有全日本首屈一指的通信基础设施。从 2005 年开始，德岛县在全县大规模铺设了光纤网络。即使是神山町这样的小农村，也可以顺畅地连接到无线网络。

如今，这座"绿色硅谷"聚集着来自都市的企业和年轻人，活跃着才华横

溢的创意人和商业精英。这里已经有了茶屋、面包房、咖啡馆、百货店、书店、文化中心、牙科诊所、农场、食品店、综合卫星办公楼等一系列配套项目，它正一步步变成创造力的孵化器、工作方式的试验场，成为21世纪的日本新农村产业振兴典范。

案例总结：由此可见，神山町成功的实质是科技产业转移带来的乡村人口的聚集及相关产业的振兴。这种乡村振兴模式，就是名著《新地理》所说的瓦尔哈拉式的精品郊区。所以，要想赢得这类代表未来的知识群体进入乡村，配套、基础设施、服务都是前期需要准备的必要条件。事实上，除了科技产业，乡村旅游业、现代农业以及生态康养产业都是乡村产业振兴的突破方向。

第二节　日本合掌村乡村振兴案例研究

图 10-2　合掌村村貌

乡村振兴理论指导下的赣南苏区的实践与探索

案例摘要：合掌村就坐落在岐阜县白川乡的山麓里，于1995年入选为世界遗产，这是日本国内继姬路城、白神山地等之后，第六个入选为世界遗产的地方，每年吸引世界各地数以万计的旅客慕名前来参观游览。这个山村的特别之处即是有名的"合掌造"，是日本传统乡村的建筑。"合掌建筑"指的是将两个建材合并成叉手三角形状且用稻草芦苇来铺屋顶，其特征是两边的屋顶像是一本打开的书一样，构成一个三角形。这个有数百年历史的村庄，沿袭并创造出一系列独特的乡土文化保护措施，依然完好地传承着当地文化，它毫无争议是日本最漂亮的小村子。

案例内容：1955年，在联合国教科文组织第十九届世界遗产委员会上，合掌村被指定为世界文化遗产。为了保存合掌村原汁原味的风格，村民们自发制定"法则"，规定了合掌村内建筑、土地、耕田、山林、树木"不许贩卖、不许出租、不许毁坏"的三大原则。

一、高度重视原生建筑的保护并制定严格开发规则

为妥善保护合掌村独有的自然环境与景观资源，合掌村村民自发成立了"白川乡合掌村集落自然保护协会"。为保护建筑、土地、耕地和山林等自然资源，协会制定了白川乡的《住民宪法》，规定了合掌村建筑、土地、耕地、山林、树木"不许贩卖、不许出租、不许毁坏"的"三不"原则。针对景观开发中的建筑改造与新增、广告牌新增、铺路、设施维护等，协会制定了《景观保护基准》予以进一步规范。同时，考虑到景观材料、色彩、高度、造型对环境的影响，协会要求合掌村内凡有要改造或新建的住房，都必须事先提交房屋外形的建筑效果图和工程图，说明材料、色彩、外形和高度，得到批准后才能动工。得益于"白川乡合掌村集落自然环境保护协会"的工作，合掌村的整体建筑风貌和景观环境一直保存完好。

二、充分挖掘传统民俗文化并跟旅游有机结合

白川乡合掌村从传统文化中寻找具有本地乡土特色的内容，增加旅游的项

目，比如举办"浊酒节"。"浊酒节"是以祈求神来保护村长、道路安全为题材的传统节日。在节日时，村里张灯结彩，锣鼓喧天，不仅村民可以参加活动，不少游客也被吸引前来参与。为增加节日的娱乐性，村民们还组织当地富有传统特色的民歌歌谣表演。比如，传统手工插秧，边唱插秧歌边劳作。

三、通过建立民俗博物馆和营造生态景观弘扬民俗文化

当地协会把一些村民移居城市后空置的房屋精心规划设计成"合掌民家园"，即按照历史原状布局院落、装饰室内，使之成为展现当地古老农业生产和生活用具的民俗博物馆。这样独具创意的文化博物馆及其周边自然美丽的景观自然得到来自世界各地游客的高度评价。

四、生态旅游、传统农业、民宿产业协同发展

为提高整体经济效益，白川乡积极主动制定了有关农副产品的发展政策，涵盖了各类农作物种植和家禽养殖等。这些农业生产项目均在旅游区中，既是农耕农事活动地又是旅游观光点。游客在观赏的同时可以品尝当地新鲜农产品，尝后直接购买。这种把当地农副产品以及加工的健康食品与旅游直接挂钩的方式，极大地促进了农产品的销售，减少了运输及人力成本，使当地农民和游客双双受益。

随着旅客越来越多，留宿过夜、享受农家生活的客人也随之增多。协会保持建筑外形不变，但是按照现代化的生活标准改装室内环境，同时还保留了一些具有历史意义的农具和以前的乡土玩具，让游客在旅居中能感受农村生活的朴实与温馨。

第十一章　浙江乡村振兴典型案例

浙江是中国改革开放的先行地。40年来，它以"开天辟地、敢为人先"的首创精神，创造了发展的奇迹，一次次开启从无到有的大胆探索，一次次扛起引领风气的先锋担当，一次次诞生了行之有效并向全国推广的"浙江经验"。

江山云水共泱泱，水碧山青画不如。从"盆景"到"风景"的转变，是浙江交出的高分"答卷"，其足迹印证着"绿水青山就是金山银山"的发展理念。但曾经浙江也并非这般美丽模样，"脏、乱、散、差"也一度严重困扰着乡村发展。2003年，时任浙江省委书记的习近平亲自谋划、部署"千村示范、万村整治"工程。花5年时间，从全省4万个村庄中选择1万个左右的行政村进行全面整治，把其中1000个左右的中心村建成全面小康示范村。

遵照"千村示范、万村整治"工程的部署，在新发展理论指引下，浙江久久为功建设，造就了万千美丽乡村。安吉、德清、富阳等浙北县区，以及诸暨、东阳等地乡村面貌焕然一新，美丽公路串起"美丽乡村创建先进县示范县""整乡整镇美丽乡村""精品村""美丽庭院"等，形成了一批可看可学可推广的发展模式。广大基层党组织带领党员、群众干事创业，建成了一大批"生态村""民俗村""花园村""文化村"，带动浙江乡村整体人居环境领先全国。

第十一章 浙江乡村振兴典型案例

第一节 余村乡村振兴案例

图 11-1 "两山理论"题字

乡村振兴理论指导下的赣南苏区的实践与探索

案例摘要：余村位于安吉县天荒坪镇西侧，村域面积4.86平方公里，辖8个村民小组、1035人，其中竹林面积6000多亩、农田面积320亩。作为浙江省天荒坪风景名胜区竹海景区所在地的余村，旅游资源较为丰富，旅游发展起步较早。几年来，余村以村庄规划为抓手，以创建"生态旅游村"为目标，通过产业调整、村庄规划、环境美化以及积极发展生态旅游经济等举措，有效地推进了社会主义新农村建设，使美丽山村更具魅力和特色。目前，余村的旅游休闲经济每年达1000多万元的产值规模，年接待游客约10万人次。2016年，余村集体经济总收入380万元，农民人均纯收入35895元。

案例内容：余村最大的特色是旅游资源丰富、人居优势突出。村境内有被誉为"江南银杏王"的千年古银杏树、"活化石"之称的百岁娃娃鱼、古代工矿遗址和古溶洞景观、生态环境优良的"冷水洞"等，还有古庵"龙庆庵"等。曾经名不见经传的小山村，如今正成为安吉县中国美丽乡村经营的典范，成为湖州市首批中国美丽乡村的试点，受到游客青睐，成为一个旅游风景地。村里建起了文化礼堂、电影院、便民服务驿站，农民住上了别墅，真正享受到了"绿水青山就是金山银山"的福利。为了实现乡村振兴，余村从以下几个方面采取了措施。

一、关停致富矿山，发展绿色经济

从20世纪80年代至21世纪初，余村人靠山吃山，先后建起了石灰窑、办起了水泥厂。红红火火的"石头经济"，让余村集体经济收入一度达到300多万元，名列安吉县各村之首。但是过度开采不仅破坏生态环境，让整个村庄常年灰蒙蒙的，而且矿山上时常引爆的炸药，也让工人安危难测、家人担惊受怕。

2005年以来，余村人坚定了不能再违背人与自然和谐发展的理念，不再继续"吃着子孙饭、不谋长远路"。自此，余村接二连三关闭了矿山和水泥厂，又把工业企业集体纳入园区，村集体收入锐减到20多万元。

村民胡加兴曾经是一名拖拉机手，从矿山下岗后接触到了漂流，于是他举债在村里搞起了漂流，没曾想，如今的荷花山漂流年接待游客达6万多人次。

曾经脏乱的毛竹山也经历了改头换面。天荒坪林业公司携手余村在5000亩毛竹山上种起了林下作物，重点培育了三叶青、竹荪、铁皮石斛等，既达到了美观效果又产生了经济价值。2016年，余村集体的经济收入又回升到了380万元，农村人均纯收入达35895元，年均分别增长25%、15%。

二、修复生态，建设大花园村庄

晚饭过后，村民们就相约在绿道上散步，非常惬意。绿道起点是文化礼堂，终点是矿山遗址，总长3公里。现在绿道二期建设工程已启动，年底前可完成硬化，两条总长10公里的绿道将串起整个村庄，徒步于其中就如同漫步于一座大花园。

图11-2　余村村貌

在绿道起点"百亩花海"项目处，一个告示牌赫然矗立：该项目原先是水泥厂厂房。如今村里通过流转开挖了池塘，并播种了近80亩的荷花、向日葵等景观植物。余村人正以5A级景区的大花园为目标努力着。

2016年安吉县创新开展"垃圾不落地"工作试点，在余村等村探索生活垃圾运行的新模式，实行"定点投放、定时收集"，在收集过程中均做到"垃圾不暴露、转运不落地、沿途不渗漏、村容更整洁"，成就了垃圾不落地收集模式，即"余村模式"。每天早上 6 点 30 分，垃圾清运车定时来收集垃圾。村民按照"可回收""不可回收""厨余垃圾""有害垃圾"等不同属性进行倾倒。清运车直接开到街道资源循环利用中心进行处理。

此外，余村是安吉县第一个通自来水的村庄。在 2014 年，为保障村民能长期正常用水、杜绝浪费，村委会和各村民小组商议通过自来水管理办法，对生活用水、经营用水收费标准分别作了规定。村里规定每人每个月定量 5 立方米水，超出部分按每立方米 1 元钱调节费收取。现在家家都有节水意识，比如用淘米水浇花、用洗脸刷牙的水再冲厕所。目前，按照全县的统筹，余村正在探索对村庄内的"五线"（自来水管、电力线、电视光纤、通信电缆、排污管道）实施地下改造，计划将全村家家户户的"五线"全部埋入地下，实现"五线下地"。

从 2013 年开始，余村对村庄内部进行生态修复，48 家工业企业全部关停，家家户户通自来水，实现污水纳管，每个自然村的围墙立面不再是单调的白色，而是绘制了五彩斑斓的墙体画。

三、文化复兴，注重精神文明建设

只要天气条件允许，一到傍晚，余村的文化礼堂、文化舞台和灯光球场上就会载歌载舞，热闹非凡，有的排练歌曲，有的排练舞蹈，有的还要起了杂技。每到节庆时节，村里的老百姓总喜欢到台上唱一唱、跳一跳。近年来，余村投资 1000 多万元建起了文化礼堂、文化舞台、灯光球场、农家书屋、数字电影院等。

为了维护这来之不易的生态环境，2017 年 7 月，余村出台新的《余村村规民约》，在这则新修改的条约中，增加了环境保护制度的内容。在安吉县，将生态文明纳入村规民约并不是新鲜事，但单独将环境保护制度作为一项内容并将之细化，余村是第一个"吃螃蟹"的。如今，什么该做、什么不该做，有了村规民约的引导，村民心中都有本"清楚账"。村民们自觉将鸡鸭圈养起来，改变了乱丢垃圾的不良习惯；自发组成生态护卫队，及时纠正游客的不文明行为。新时代更要有新作为，要认真落实党的十九大报告提出的乡村振兴战略，把余村建设成为村强、民富、景美、人和的文明样板乡村。

图 11-3　余村村文化广场一角

四、民主法治，铸造发展新引擎

在余村村委会大楼前，立着四块石碑，上面分别写着：民主余村、平安余村、法治余村、幸福余村。村里新建设了一条长长的法治文化墙，上面集中展示了余村十多年来民主法治建设成果。在村中长廊、农户围墙、路边侧石、休息长椅，随处可见法治漫画、法治谜语，给秀美的余村增添了别样的法治韵味。村中一间会议室，依旧保持 13 年前的陈设，成了"两山会址"。早在 1996 年，余村因为开矿，村集体经济殷实，村干部经常会遇到合同上的问题，就聘请村民担任村级法律顾问，充分发挥法律顾问引导作用、落实"枫桥经验"精神。余村因此也成为全县最早聘请法律顾问的村。

2016 年 11 月，安吉县法院"两山"巡回法庭正式揭牌，通过法官驻村、预约办案、多元调解等措施，同时协助开展送法下乡、法律走亲等活动，开启了司法便民利民新时代。法律顾问、巡回法庭都是推动余村和谐发展的重要力量，通过他们及时参与决策合法审查、合同风险防范、矛盾纠纷法律把关，余村一步步从学会用法发展到了习惯用法、村民零上访。自建村以来，村干部从未出现一人有过违法犯罪行为，村民遵纪守法，刑事犯罪率一直保持零基数、零增长。

案例总结："绿水青山就是金山银山"这一发展新理念为余村指明了方向。10多年来，在"两山论"的指引下，余村人坚定不移地走绿色发展的路子，致力于保护绿水青山，致力于把绿水青山转化为"金山银山"。如今的余村，村强、民富、景美、人和，成为践行"两山"理念的生动典型。

第二节　大竹园村乡村振兴案例研究

案例摘要：大竹园村党支部在美丽乡村建设中，超前规划村庄经营方向，积极发挥"双带双创"示范户的引领作用，发挥共产党员模范带头作用，不断拓宽村庄经营新路径。目前已经形成以民族部落村、浙商论坛、蔬香大地等休闲项目为主导，以水稻、早园竹、蔬菜、蓝莓种植为基础，以竹制品加工为辅的经济发展格局。大竹园村正在从种植业为主、家庭工业为辅的农业村向发展生态高效农业休闲经济转型。2017年大竹园村集体经济收入201.5万元，农民收入3.07万元。

案例内容：安吉县灵峰街道大竹园村，在10多年前还是一个经济薄弱村，如今已成为浙江美丽乡村建设的典范。大竹园村位于上墅乡北部，距县城10公里，南与刘家塘村交界，东与灵峰寺接址，以多竹林而著称，与集灵、古、秀、幽于一体的国家森林公园、世界竹种最多的竹种园和梁代名刹灵峰寺接壤，与县经济开发区生态健身中心相毗邻，具有山水秀美、气候宜人的生态环境。大竹园村是以粮为主的农业村，共有企业4家，全村产业特色是利用特定的区块、山林优势发展休闲经济，利用沙滩荒破发展工业经济，分别以第三产业、休闲产业为主导（目前有民族部落村和浙商论坛等休闲项目已落户动工建设），以农业为基础，主要有水稻、早园竹、白茶、蔬菜等，以工业为辅助，主要有奶牛、饮料、竹制品等。大竹园村是发展休闲经济的极佳之地，按现灵峰山开发总公司规划，梅灵大道横贯大竹园村通至 11 省道，为发展休闲经济创造了更为有利的条件。为了实现乡村振兴，大竹园村从以下几个方面采取了措施。

一、科学打造乡村民居

放眼望去，一座座青瓦白墙的房屋错落有致，俨然江南水墨画中"小桥流水人家的"的景象。大竹园村以"创建美丽乡村精品示范村"和"国家级美丽宜居示范村"为契机，遵循原有村落的自然肌理，与上海交通大学合作设计建造了"青山环聚落，绿水绕田园"的景观格局，形成了粉墙黛瓦、古朴自然的浙北田园新农居定位。在大竹园村的"农房改造试点"中，设计团队把"农具房"概念加以延续，依旧为每一栋建筑打造一个不用换鞋、可以搓麻将、可以放农具的"车库客厅"。在设计过程中，为避免传统瓦片在防水防潮上的问题，实行瓦片的一体化烧制，在细节设计中，用仿木材质融合当地木雕元素制作垂花窗。村庄鼓励农户提供闲置房屋，整体打包，发展民宿村落、文创中心等多元业态，把美丽宜居环境资源转化成乡村旅游经营资产，形成了可借鉴、可复制推广的农房试点项目。

二、加强基础设施建设，实施旅游富农策略

2016 年，在镇党委政府指导帮助下，大竹园村确立了旅游富农的思路。经过全村党员干部的努力，休闲竹长廊、烧烤摊、沙滩露营区、环线观光游步道、水蜜桃采摘园等旅游设施和景点相继落成，大竹园村的"留象"旅游、休闲、观光基地的框架基本形成。

村道路硬底化的方式多样化，富有乡村特色而未见"水泥路"。既有石板路，又有矿渣路；有青砖铺砌、沥青铺装，也有瓦片拼砌图案。村中宅基地分划责任分区，有矮墙分隔，因地制宜使用不同材料。给排水管网改造是大竹园村最细致有效的改造，消防取水口、雨水口、洗涤水口等均分清标明，且用竹制筒板装饰。2017 年，大竹园村又投资 50 余万元修建了生态堤坝、停车场等基础设施。

如今,作为天台"唐诗之路"第一村,大竹园村可谓声名鹊起,一批批画家、摄影家、驴友和游客来此写生、创作、观赏。2017年,大竹园村共接待游客8000余人次,全村64户村民在旅游带动下增收24万余元。

三、保护乡村生态,发展集体经济

安吉县向来注重生态立县,近年来安吉县以"绿水青山就是金山银山"为指引,因地制宜,绿化、美化、洁化村庄环境,乡村生态得到有效改善。如梦如幻,如诗如画,一片亭亭玉立的荷花,在翡翠般的大竹园村前沿尽释风采。大竹园村发展集体经济,让资产变资本,村民变股东,真正带领村民走向共同富裕。

此外,大竹园村还积极探索"公司+村集体+农户"等合作模式,做活农房设计落地试点项目经营,让资本变资产、村民变股民,实现美丽资源向美丽经济转变。队员陈洋感慨:党的十九大报告中提出了乡村振兴战略,大竹园村先试先行,在生态宜居、产业兴旺等方面走出了一条自己的路,是学习的样本。

四、加强乡村党建,传承文化

紧抓基层党组织建设在大竹园村经济发展发挥了引领作用。随着"围绕经济抓党建,抓好党建促发展"的提出,有力地促进了村内各项任务的落实,有力地推动了大竹园村的美丽乡村建设。村党支部下辖4个党小组,共有党员69人,村两委班子成员4人,其中党员4人,女性1人,平均年龄46岁,文化程度大专2人、高中1人、初中1人。

村中的尹爱明老人,为安吉县非物质文化遗产代表性项目"泥塑"传人,他乐于将传统技艺传递至下一代。

村中民宅门牌号码清晰有序,并附"家训"以示文明,倡导互助精神如"人胜我,勿生嫉妒,人弱我,勿生鄙吝"。

村中设有村庄文化礼堂全面展示了大竹园的村史、村貌,并设置农家书屋、春泥计划活动室,极大地丰富了村民的精神文化活动,提升了村民的文化素养。

案例总结:大竹园村从原先的经济薄弱村到如今的超百万村,其美丽"蝶

第十一章 浙江乡村振兴典型案例

变",是习近平总书记"绿水青山就是金山银山"理念的实践成果,是浙江"千村示范万村整治"工程和美丽乡村建设的成功缩影。

第三节 蔓塘里村乡村振兴分析

案例摘要:蔓塘里自然村,是安吉灵峰街道剑山村下辖的一个自然村,该自然村共有3个村民小组,常住人口112户400人,村域总面积1.6平方公里。白茶、黄花梨是该村的特产,剑山村依托黄花梨品牌建设,获得农业部"一村一品示范村"荣誉称号。

图 11-4 蔓塘里村村貌

乡村振兴理论指导下的赣南苏区的实践与探索

案例内容：蔓塘里村的乡村振兴，主要是得益于拆除违规建筑和规划整治。为了实现乡村振兴，蔓塘里村从以下几个方面采取了措施。

一、拆除违规建筑

以前，为方便白茶加工，房前屋后的简易钢棚和厂房违建迅速蔓延，电线杆数量超过 100 根，孩子们没法把风筝放上天。不仅环境"脏、乱、差"，还有数不清的安全隐患。2017 年当地把电力电缆铺设、有线电视光纤和移动通信电缆改造、自来水管网铺设、生活污水管网铺设整合打包，申请资金 1600 多万元开建乡村版"地下管廊"，将全村家家户户的自来水管、电力线、电视光纤、通信电缆、排污管道全部埋入地下，成为县级五线地埋工程样板村。

改造项目的实施，彻底改变了蔓塘里村的面貌，提升了村民出行和经营村庄的基础条件，增加了村民的生活幸福感。

图 11-5　蔓塘里村村貌

第十一章　浙江乡村振兴典型案例

二、合理规划，重建古宅

蔓塘里村编制了拆后利用规划，将拆除后的空地用于村庄道路、景观绿化和集中式茶叶加工点。新建的集中式茶叶加工点面积约 3700 平方米，既方便管理、保障了茶农生产及加工安全，同时极大地改善了村庄内部环境。

在做好拆后利用的同时，蔓塘里村对村内古宅进行了重建，新建仿古戏台，梳理了水系，扩建了村民记忆中的水塘。对 80 户农户围墙进行砌砖、粉饰、压顶、盖瓦工作，共改造 3000 平方米；对 60 户农户进行立面改造，共粉刷 12000 平方米。自然村新建道路 1072 余米，宽至 5.5 米。全村域农村生活污水治理达 98%，自来水覆盖达 100%。

三、产业振兴

以往村里 99% 的村民都从事安吉白茶种植，如今不仅种植、加工安吉白茶，村民还围绕茶文化、禅文化，动起了发展休闲旅游业的念头。通过前期的建设，村民的居住环境得到了极大改善，村庄环境也实现了优化。随后蔓塘里自然村进行了村庄文化的挖掘与重建，为村里还原了家族族谱，重塑村庄历史，如今还在计划结合禅文化引入素菜馆，并将茶宗文化发扬光大。村里希望改变传统村庄参与经营的做法，改为通过引进旅游平台、公司，对整个村庄进行经营。

案例总结：蔓塘里村是农业部"一村一品示范村"，其利用自然资源白茶和黄花梨进行美丽乡村建设，该村的美丽乡村建设具有可持续性、可复制性。

第四节　鲁家村乡村振兴案例研究

案例摘要：鲁家村，美丽乡村精品示范村，全国首个家庭农场集聚区，"开门就是花园、全村都是景区"的中国美丽乡村新样板。2017 年，村民人均年收入达 3.5 万元。鲁家村的变迁，是浙江近年来以"千万工程"为引领、高水平建设美丽乡村的一个缩影，也是浙江坚持生态文明理念，寻求人与自然和谐相处，以绿色发展推动乡村振兴的生动实践。

案例内容：三面青山环绕，入眼皆是绿意。走进鲁家村，溪水泛着清波，竹海荡成绿海，一大片绿茵茵的草坪，一座颇为气派的游玩类火车总站映入眼帘，村里一排排分类垃圾桶整齐地摆放着，显出村民生活的细致与讲究。为了实现乡村振兴，鲁家村从以下几个方面采取了措施。

一、聘请专业团队，科学设计全村

建设美丽乡村，发展家庭农场，鲁家村出资 300 万元，聘请专业团队，按照 4A 级景区标准对全村进行规划设计。先期设置的 18 个家庭农场，则根据区域功能划分，量身定制各自的面积、风格、位置、功能等。其中包括一个核心农场，位于中心村，其余 17 家农场错落有致分布在四周。18 家农场分别以野山茶、特种野山羊、蔬菜果园、绿化苗木、药材等产业为主，没有一家重复，这是鲁家村家庭农场的特色。此外，还设计了一条 4.5 公里的环村观光线，将分散的农场串点成线，使之成为一个整体。

二、采用"公司+村+家庭农场"的运营模式

鲁家村采用"公司+村+家庭农场"的组织运营模式，与安吉浙北灵峰旅游有限公司共同投资成立安吉乡土农业发展有限公司、安吉浙北灵峰旅游有限公司鲁家分公司，前者负责串联游客接待场所、交通系统、风情街、18 个家庭农场等主要场所，后者利用多年经验和客源做好营销宣传。农户把土地流转给村，再由村流转给农场主。农户因土地流转产生的收益约为每户 8000 元/年，租金随国家稻谷收购价浮动。旅游区每年接待游客约 30 万人次，按照平均每人次消费 150 元计，每年将带来 4500 万元的营业额，除去成本和农场、公司分成，村集体每年能创收 660 万元左右。旅游区还直接、间接提供了 800 个工作岗位，村民每年的工资收入就超过 600 万元。另外，村民利用自家住房开设民宿、农家乐，每

年产值预计可达近千万元。

三、合理的利益分配机制

鲁家村建立了一套完整的利益分配机制,使村集体、旅游公司、家庭农场主和村民都能从中获得相应的收益,调动了各方的积极性。该村建立的合作分红机制,由村集体、旅游公司、家庭农场主按照约定比例进行利益分配,村民再从村集体中享受分红。

案例总结:鲁家村从一个不起眼的小山村蜕变为"开门就是花园、全村都是景区"的中国美丽乡村精品示范村,他们以"公司+村+家庭农场"为经营模式,启动了全国首个家庭农场集聚区和示范区建设。家庭农场集群是对休闲农业和乡村旅游在模式上的一次大胆创新,特别对于大型农业园区或村集体主导下的休闲农业和乡村旅游的发展,具有重要的借鉴意义。

首先,鲁家村采取类众筹的方式,借助社会化的力量,突破了资金、人才的"瓶颈",实现了资源资产资金的聚合。

其次,鲁家村解决了规划的统一性和定位的差异化的问题。美丽乡村,规划先行。早在2013年鲁家村就启动了发展蓝图的设计,18家农场的雏形已经跃然纸上。

最后,生态圈的打造和多方共赢的合作机制发挥了关键作用。鲁家村注重生态圈的建设,18家农场不是孤立的存在,在它的周围,分布着村民自主经营的农家乐、民宿、农副产品店,为农场提供配套服务。此外,村里还统一修建了游客服务中心、风情街、10公里绿道和4.5公里村庄铁轨等设施,为游客出行提供方便和多样化的选择。在营销推广层面,村里成立了旅游公司进行统一宣传;在人才培养层面,成立了乡土职业培训公司。这些力量为入驻的企业和创业者提供了有力的保障。

第十二章　四川乡村振兴典型案例

第一节　战旗村乡村振兴案例研究

图 12-1　战旗村村貌

第十二章 四川乡村振兴典型案例

案例摘要：战旗村地处横山脚下，柏条河畔，位于郫都区、都江堰市、彭州市三市县交界处。全村有耕地2158.5亩，9个农业合作社，506户农户，1682人。村党支部下设9个党小组，有党员67人。全村有8个集体企业（全部实行租赁经营），5个私人企业。2017年，战旗村实现集体资产4600万元，集体经济收入462万元，村民人均可支配收入26053元。

案例内容：近年来，战旗村紧紧抓住被列入县镇新农村建设试点村、市委宣传部思想文化建设试点村的契机，在县级相关部门的帮助、指导下，按照"生产发展、生活宽裕、乡风文明、村容整洁、管理民主"的新农村建设20字方针，坚持以城乡统筹、突出特色、稳步推进、分步实施的原则，以农村经营体制改革、思想文化建设、村容村貌整治三方面为重点，加快推进社会主义新农村建设步伐，目前各项工作取得了一定成效。

一、以生产发展为重点，"村—企—农"三合一发展

为强力推进农业产业化，战旗村对村集体资产实行股份合作制改革，形成村、企、农为一体的循环经济圈。

第一，组建战旗村农业股份合作社，由合作社将土地集中经营，发展农业产业化，经营利润按村集体和农户入股比例进行分红。

第二，新组建战旗村股份合作经济组织，在股东资格认定、股份量化原则、章程制定、年终收益分配等关键环节，严格按规定程序进行规范操作，开辟集体资产保值增值途径，增加农民分红收入。

二、民主监督，健全基层民主管理新机制

村上成立由村民代表为主体，村内的人大代表、政协委员、企业代表和村"两委"干部等15名人员共同组成的村民主监事会，采取定期列席村内重要会议、开展咨询活动、检查重要事项、参与社会评价活动等方式，对村集体资金的安排使用、重要工程项目及承包方案、村内公益事业兴办、社会保障救助等全村重大事项进行监督，独立自主开展监事活动，使村民主监事会真正成为村内重大

决策的"评判人",村民利益的"守护神",基层民主科学管理的"推动者"。

在村民主监事会的推动下,村"两委"组织召开了村民代表大会,讨论制定了《战旗村民主管理办法》,并按该办法的规定,先后就村集体资产改制、村容村貌改造、村文化大院建设等进行了民主决策。通过民主监事会的积极参与和推动,有效地改变了该村过去存在的管理不科学、缺乏民主等状况,融洽和改善了基层干群关系。

三、以思想发动、送文化下乡为载体,培育社会主义新型农民

1. 加大硬件设施建设

目前已投入30万元对原迎龙山庄进行改造,将其建成了具有电子阅览室、图书馆、篮球场等多功能为一体的文化活动中心,为社会主义新农村思想文化建设提供阵地。

2. 组建新农村文化宣传队

目前已成立战旗村新农村思想文化宣传队,下设老年腰鼓队、乡村歌手演唱队、少儿美术书法队、篮球队、乒乓球队,通过组织形式多样的文娱活动,丰富群众的文化生活。

3. 进一步深化"高校+支部+农户""明星+支部+农户"的运作模式

深化"五一"期间"高校+支部+农户"城乡互动共建社会主义新农村活动,加强与高校联系,建立长效机制。定期和不定期地组织高校师生和本土明星在战旗村开展活动,用通俗易懂的方式送文化下乡,引导群众转变思想观念,改变落后的生活方式。

案例总结:四川是中国农村改革的发源地之一,也是全国统筹城乡综合配套改革试验区所在地。战旗村的发展,是四川落实乡村振兴战略的一个美丽缩影。战旗村这些年能够取得翻天覆地的变化,一个重要原因就是历届村"两委"班子坚持不懈地带领全村群众深化改革,而且改得彻底。无论是土地增减挂钩试点、农村产权制度改革,还是集体经营性建设用地入市改革,都走在了全区前面。通过改革,盘活了"沉睡"的资源,壮大了村集体经济,实现了资源变资本、产权变股权、农民变股民,村上有钱了,村民的腰包鼓起来了,村里的房子、配套、环境这些也就自然而然好起来了。

第二节 青杠树村乡村振兴案例研究

图 12-2 青杠树村一角

案例摘要:青杠树村位于长赤镇西南,距长赤集镇仅 3.5 公里,耕地面积

1257亩，林地3300亩。该村辖9个社，618户，2552人。按照"统筹城乡、两化互动"的总部署，依托庄子山三面环水的天然地理优势，大力实施"巴山新居"工程，建设幸福美丽玉湖半岛渔村，2016年被评为省级"四好村"，农民人均可支配收入达21156元。

案例内容：为了实现乡村振兴，青杠树村从以下几个方面采取了措施。

一、实施"土地统一流转，规划统一编制，建设统一实施"的模式

按照"土地统一流转，规划统一编制，建设统一实施"的模式建设新居，聘请成都华盛公司在中山寨高起点规划打造聚居点。

青杠树村建设始终把尊重自然、顺应自然作为基本法则，用好"两河环绕、半岛天成"的环境优势，规划打造沿河生态带，依托现有林盘布局安置点，内部通道随弯就弯，利用沟渠引水进院，并将连片低槽田改造成生态湿地，村子里绿道相连、沟渠环绕，形成一个原汁原味的生态家园。青杠树村在改造建设过程中，始终把生态作为最宝贵的资源来保护和利用。一大批珍贵的乔木和竹林也被保留了下来。在九个居住点规划中，所有的房屋、道路建设，都必须遵循一条铁的规定——"不改变田园肌理，不破坏河流沟渠，不砍伐成型竹木"。除了保护原有的树木，后来村里还补栽了一批桂花、银杏、香樟树等风景树木。青杠树村利用良好的生态本底、资源禀赋和区位优势，坚持"政府引导、农民主体、市场化运作"的原则，积极探索土地改革，激活存量集体建设用地，将零星、分散、闲置的480亩集体建设用地集中复垦，用于发展绿色经济。

目前，青杠树村已建成巴山新居8.6万平方米、休闲广场6000平方米、步游道4.3千米、休闲沙滩4500平方米、观光别墅5000平方米、乡村酒店5000平方米、风雨长廊1.5千米、廊亭8个、游客接待中心650平方米，安装路灯、庭院灯500余盏，实现通信网络户户通。同时，配套建有村小学、卫生室、文化室、图书室、日间照料中心、怡养苑、亲情家园、儿童乐园、电商等设施，"1＋6"村级公共服务活动中心配套完善。

二、利用资源优势,发展乡村旅游

充分依托玉堂水库这一得天独厚的资源优势,成立玉湖半岛乡村旅游专业合作社,大力发展乡村旅游。2012年6月,青杠树村启动了村落改造建设,2000多名村民住进新居,同时通过节余集体建设用地"打捆"使用再造景观,利用公司平台化运作实现市场化运营,完成了乡村美景的提档升级,先后被评为"中国十大最美乡村""成都50佳休闲农业乡村旅游目的地"和4A级景区。

2015年10月,成功创建醉美玉湖——七彩长滩国家4A级乡村旅游景区。每周接待游客超过2000人次,通过举办疱汤节、龙舟赛、抓鱼节乡村旅游节庆活动,游客量超万人次,2016年底全村农村居民可支配收入达24650元。全村已开办各具特色的农家乐15家、便民超市8家、山地自行车俱乐部2家、休闲宾馆6家,为发展宜养宜居的乡村旅游业提供坚实基础。青杠树村已形成了"下湖观光、垂钓,上岛运动、休闲品鱼,上山采摘、体验"的一体游格局。如今,1万多平方米的香草湖上水草丛生、白鹤翻飞,游客们骑着摩拜单车畅游村落,划着小船泛舟水上,带着孩子和小动物们亲密接触,各种休闲娱乐方式都能在村里找到。

同时,青杠树村成立了乡村旅游合作社,正着手南片区特色民宿建设。通过把村集体的院落和村民闲置的院落整合起来,做成特色民宿,吸引游客住下来,让游客体会到"住农家"而不是"住酒店"的感觉。另外,青杠树村正与西南交通大学联手对青杠树村老街进行打造,在吸引游客住下来的同时,也让游客有更多特色游玩项目的选择。

三、以高端项目为龙头、生态农业为基础

青杠树村确立了"高端项目为龙头、生态农业为基础、农家旅游为配套"的产业发展思路,先后举办了踏青会、露营节、菜花节、稻鱼节和国际乡村旅游发展论坛,实现旅游收入100余万元。成功引进了中国数码港国际漫生活项目,建成了1000余亩粮油高产示范基地,注册了"香草湖"农产品品牌,按"互联

网+"的思路构建线上线下销售渠道,促进了特色农业产业发展,实现产值200余万元。2016年,青杠树村首批97.48亩农村集体经营性建设用地成功挂牌上市,成交价60万元/亩,规划建设中国数码港砚园国际会议中心。

案例总结:青杠树村按照"土地统一流转,规划统一编制,建设统一实施"的模式建设新居,聘请成都华盛公司在中山寨高起点规划打造聚居点,再通过确立"高端项目为龙头、生态农业为基础、农家旅游为配套"的产业发展思路,不断壮大集体经济,并通过股权量化,促进村民增收致富。

第十三章　江苏乡村振兴典型案例

第一节　永联村乡村振兴案例研究

图 13-1　永联村村貌

乡村振兴理论指导下的赣南苏区的实践与探索

案例摘要：永联村位于江苏省张家港市南丰镇，村域面积10.5平方公里，村民11761人（其中社员10930人）。2014年，村级可用财力1.15亿元，连续四届被评为"全国文明村"，还是"全国民主法治示范村""国家级生态村""中国最有魅力休闲乡村"。

案例内容：永联村，位于江苏省张家港市南丰镇，于1970年在长江边围垦建村，直到1978年，还是全县最小、最穷、最落后的村。改革开放给永联带来了生机和活力。从挖塘养鱼搞副业，以工兴村、创办轧钢厂，到全面推进城镇化建设，永联村给全国的乡村树立了榜样。永联村连续四届被评为全国文明村，还先后被评为全国先进基层党组织、国家级生态村、全国民主法治示范村、全国休闲农业与乡村旅游示范点、中国最有魅力休闲乡村、江苏省首批旅游风情小镇创建单位。

一、发展壮大集体经济，打造产业美

图13-2 现代化农民集中居住区——永联小镇鸟瞰

永联村把发展和壮大集体经济作为建设美丽乡村、实现城乡一体的重要支撑。永联村采取多种措施,使得一二三产业协调发展。2016年总销售收入310亿元,利税18亿元。

第一,发展现代农业。土地集约化生产,农业生产机械化、信息化、现代化。采用先进理念、高科技设施,建设苗木、蔬菜、粮食、水产养殖基地。第二,做强做大工业。立足于钢铁主业,加快科技创新、转型升级步伐,过去的轧钢厂已发展成为新型工业化程度高,且具有较强竞争力的钢铁联合企业——永钢集团,位列全国民营企业500强。第三,充分发展服务业。组建独立公司,运营建设、财务、贸易、仓储、物流、后勤、旅游等板块,充分发展服务业。利用村域内车流量、人流量、物流量大的特点,建设农耕文化园、垂钓中心、度假酒店、江鲜美食街,发展乡村旅游业。

二、践行绿色发展理念,构建生态美

图13-3 花园工厂——江苏永钢集团

永联村把生态文明建设放在突出地位,努力创造良好的生产生活环境。一是合理规划空间布局。村域内区块分明,5000亩新型工业区,环保高效;8000亩现代农业区,绿色高产;1000亩水网、河流、道路,自然通畅;1000亩农民集中居住区,配套宜居。二是加强环境综合治理。分别建设了工业和生活污水处理厂,河道水源管理自成体系;加强绿化种植和景观建设,全村绿化覆盖率达42%;依托工商、城管,对商业店面统一管理,形成了整洁划一的店面形象;配齐清扫、保洁、清运设备设施,环卫人员作业全天候、全覆盖。三是全面促进资源节约。永钢集团加强全过程节约管理,固体废弃物实现"零排放",水重复利用率达98%以上,为江苏省循环经济试点单位。生产过程产生的蒸汽余热,还被用于水产养殖、工厂化育秧、粮食烘干等农业生产,实现了工业与农业的循环。

三、深入推进城乡一体,营造生活美

永联村把缩小城乡差距作为提升村民幸福指数的着力点。一是加强基础设施建设。2006年,抓住国土资源部"城乡建设用地指标增减挂钩"试点的机会,投资24亿元,按城镇化、现代化标准要求,建设农民集中居住区永联小镇,可容纳5000户、30000多人。配套建有学校、医院、农贸市场、商业休闲街等设施,城镇功能全面完善。二是提升福利保障水平。在以土地为纽带的基础上,创新以资本为纽带的共建共享实现形式。永联村把全村的集体资源和集体资产转化为集体资本,再把集体资本转化为企业的集体股份。目前村民集体持有永钢集团25%的股份。村民不分新老,平等享受25%股份产生的收益。村里还为村民统一办理农保转城保,实现了城乡社会保障均等。三是创新社会管理方式。积极争取公共服务均等化,上级政府在永联村派驻了公安、交通、卫生、城管、工商、消防等执法机构和人员,并成立永合社区,实现农民社区的城镇化管理。引入社会化管理,通过将门面房、公寓房等集体资产交给租赁公司统一经营,将医院、学校纳入政府统一管理等形式,实现专业化管理。加快推进信息化管理,全村"家家有电脑、户户能上网、人人一卡通、全村一网通"。

四、加强精神文明建设,培育心灵美

坚持经济富裕、精神文明两手抓。一是大力开展文化教育。组织村民代表看世博会,游北京、海南,与高校合办硕士、本科、大专班,成立社区学校,让村民长见识、长知识;建设爱心互助街,为广大爱心人士、志愿者和服务对象搭建供需对接平台,让爱心在互助中闪光。二是不断丰富文化生活。先后建设了文化活动中心、永联戏楼、水幕电影、图书馆、文化广场等,邀请中国残疾人艺术团、朝鲜国家杂技团等前来演出,努力缩小城乡文化享受上的差距。在村民中组建舞蹈队、合唱队、锣鼓队等团体,引导他们清晨散步锻炼,傍晚跳舞休闲。三是深入推进基层民主。投资4000万元,建设可供260名村民代表召开各种类型会议的村民议事厅,配有可供村民和游客实时观看、旁听会议的参观通道,使村民自治、基层民主"看得着、摸得着"。四是积极构建长效机制。设立"文明家庭奖",把社会主义核心价值观转化为具体的百分制考核条款,对村民实施考核,考核结果与福利待遇挂钩。对不在本村工作、生活的村民,委托其所在社区、学校和工作单位出具文明行为评价证明、实施考核,叫响"出了永联门,还是永联人"的口号,使永联人不管走到哪里都成为最自觉的人。

案例总结:永联村的成功,总结下来包括以下几个方面:一个好书记带领一个好班子,贯彻落实一个好政策;以工业化牵引,带动城镇化,进而全面实现农业、农村现代化;坚持共建共享不动摇,让农民得实惠;探索建立可持续发展乡村治理模式;科学规划与治理生态环境相结合。

第二节 旺山村乡村振兴案例研究

案例摘要:旺山村,地处苏州吴中区西南部,三面环山、南临太湖,自然条件绝佳。从两千多年前的吴越时期至今,这里始终保有着生态绿园、江南梦乡的迷人风光。除相映成趣的绿水青山外,旺山村也是一座农味儿十足的原生态田

园，种有茶叶、花卉、蔬菜以及葡萄等五大果园苗圃。经不断发展，现在旺山村已成长为5A级的旅游景点，荣登"苏州最美的山村"宝座。

案例内容：为了实现乡村振兴，旺山村从以下几个方面采取了措施。

一、合理规划，改造生态自然型村庄

2009年，旺山村委托专业规划研究所制定了符合区域环境规划总体要求的《旺山新农村建设规划》，按用地性质打造村落改造区、公共建筑区、绿色景观区的新格局，实施了生态自然型村庄保护改造工程，采用"穿衣戴帽"的形式改造村落民居住宅外立面，还原传统文化和乡土特色。旺山村着力打造"苏州最美的山村"，主要体现在五个方面：

第一，整合现有丘陵山地自然生态环境资源，大力发展集约农业、品牌农业和生态旅游农业，着力打造"钱家坞"吃住农家乐、"耕岛"农事参与体验区、登高览胜"七子山"、禅茶文化"硙碨岭"等八大景区，2011年接待游客超过100万人次。

第二，积极打造无公害绿色茶叶基地、葡萄基地、蔬菜基地，种植茶叶、花果、苗木等。重点打造省标准茶园基地旺山茶博园，利用土地资源优势，实行茶果间作，打造"钱家坞"牌碧螺春茶叶品牌，创名优有机食品，立足将茶文化与旅游业相连接，推广茶文化旅游新概念。

第三，切实提升全村农民的综合素质，村里每两个月组织一次实用技能培训，不断提升农民科技文化素质和发展致富能力。近年来，村里已通过定期开展形式多样的培训，实现了失地农民再就业205人。以"创文明行业、建满意窗口"为目标，与区域内32家经营户签订《诚信公约》，在全村倡导文明经营、诚信经营、办事公道、服务群众的文明新风尚。

第四，美化亮化村庄整体形象，新增路灯320盏。该村先后投入8000多万元，致力于村庄环境整治和改造。新建了8公里生态大道，贯通全部自然村落和景区；修建驳岸3.5公里，清理河道6公里，改善了村落河网水质；铺设整村污水管道18000多米，把生活污水引入吴中城南污水厂集中处理，实现全村区域内的"零排放"。全村建造生态型污水处理系统，生活污水处理率达100%，工业

污染物排放达标率100%，卫生厕所普及率达100%，自来水普及率达100%。生活垃圾则集中收集，形成了"村收集、镇转运、市统一处理"的模式。在各村落内部道路两侧及农户屋前院后进行绿化和景观处理，全村绿化覆盖率达65%，同时增设旅游小品及小游园，营造雅致美观的村落环境。

第五，在村庄所有道口安装视频监控设备，为全村农户安装户警报警装置，确保一方平安。依托功能齐全的社区服务中心，形成了小孩入托不出门、买菜购物不出门、小病就医不出门、办各类证件不出门等"十个不出门"的一站式生活服务圈，使居民尽享便捷周到的社区服务。

二、"旅游+文创"，生态绿园化身"乡创归谷"

风景如画、物产丰饶，聪明勤劳的旺山人很早就开始将大自然的馈赠，转化为乡村旅游经济。村民们在家门口办起农家乐，饭菜就地取材、美味新鲜，很快就打响了"吴地农家美食"的招牌。每逢周末，上海、苏南等地市民举家前来，享受原汁原味的慢生活。

旺山因旅游而"旺"，然而，随着各地休闲旅游业全面开花，观光加农家乐的"旺山模式"受到冲击。

2014年，小镇开始引入文创产业，丰富景区内涵。在青山环抱的暧暧岭，建了一座颇具设计感的现代建筑。这座建筑其实是一座神奇的巧克力创意工坊。精美的青铜器等并不是真正的古文物，而是全部用巧克力纯手工制作而成的。绽放的鲜花、精致的玲珑宝塔，还有凯旋门、青花瓷、蒸汽火车，这些都是用面包粉和巧克力为原料、以翻糖工艺制作而成的。目前巧克力工坊已汇聚了一批美食创意家，定期研发、更新产品，一件件栩栩如生的展品被游客拍照上传网络，很快就成为"网红"，吸引更多的人慕名而来。

舒适宜人的环境加上优渥的创业政策，吸引了众多年轻创客。目前旺山已招引来精品民宿、音乐咖啡馆、书院、画室等20余个创意体验项目，文旅风情小镇已见雏形，并成功入选全国首批乡村旅游创客示范基地，未来三年还将实现文创项目50个以上。文旅融合、互相提升，江南古镇旺山在转型升级中不断焕发出乐居、乐游、乐业的无限活力。

三、发挥党员的先锋模范作用

图 13-4 旺山村党群服务中心

旺山村位于苏州市西南,总面积 3000 平方米,配套站室 7 个,服务人数达 2500 人。多年来,旺山村党委始终把基层党组织建设作为工作的重中之重,扎实有效推进学习型、服务型、创新型、法治型党组织建设,不断提升党组织的战斗力和党员队伍素质,引领全村百姓大力开展村庄建设、走上富裕道路。

通过打造旺山最美乡村展示馆,着力建设一个宣传、展示全村各项工作的坚实平台,是对外宣传的主要阵地。建有旺山村党员之家,村党委始终以"一个支部就是一个堡垒,一名党员就是一面旗帜"为主线,着力推进"四型五好"党组织建设,带领全村走出了一条富民强村的新路子。群团组织活动丰富,通过与专业社会组织合作打造了"益度空间"读书会青少年活动平台,成立了"旺山书社"书法小组,进一步丰富广大村民的业余文化生活,党员群众精神世界得到不断充实。

案例总结:"苏州最美乡村"吴中区旺山村的乡村振兴是依靠农业起家、工业发家、旅游旺家,通过发挥党员的先锋模范作用,带领全村走上富裕之路,值得其他地区学习。

第三节 柳舍村乡村振兴案例研究

图 13-5 柳舍村村貌

案例摘要:柳舍村背靠园博园景区,临近太湖边。园博会期间,柳舍村作为重要一景被纳入园中。2017 年柳舍村被评为"全国最美宜居示范村"。近年来,

乡村振兴理论指导下的赣南苏区的实践与探索

柳舍村利用省第九届园艺博览会在苏州临湖举办的契机，大力开展美丽村庄建设，启动了半山艺、右见十八舍、易成居等一批民宿的开发，不仅带动了新农村建设，还推动了当地旅游业的发展。

案例内容：为了实现乡村振兴，柳舍村从以下几个方面采取了措施。

一、加强基础设施建设，改造乡村环境

柳舍村为石舍村下属自然村。2016年4月18日，主题为"水墨江南·园林生活"的第九届江苏省园艺博览会在临湖举办，极具"诗画田园"韵味的柳舍村及周边地景田园纳入了园区整体规划，村庄东南部15户作为园博会庭院绿化展区进行全面升级。交通干道拓宽翻新，巷弄小路修缮重铺，绿化覆盖面积超40%，水电通信设施配套到位。河道经过整治，配备专职保洁员，环境建设投资力度持续加大，生活垃圾收运、公共厕所等环卫体系健全、配套完备。通过对多家农房院落进行改造，保留古镇古村特色，呈现江南传统水乡风貌。

最终，经过三线入地、立面改造、道路铺装、桥梁翻新、河道清淤、污水管网以及公共景观、创意园、游船码头等工程全面整治，整个柳舍面貌焕然一新，一个"看得见山，望得见水，记得住乡愁"的现代与传统相结合的美丽村庄呈现在游人面前。

二、"乡村旅游+高端民宿+特色产业"提高村民收入

在深入学习贯彻习近平新时代中国特色社会主义思想、精准把握"振兴乡村"发展战略的前提下，苏州市、吴中区、临湖镇三级党委政府科学定位、精心谋划，在充分利用柳舍天然生态资源禀赋的基础上，打造出了一个集乡村旅游、高端民宿、特色产业的太湖文旅新村落。实施以来，吸引了如半山艺、右见十八舍、易成居等特色民宿投资落户。2017年，柳舍村成功获评住房和城乡建设部"全国美丽宜居示范村"。

柳舍村的成功发展，为落实"精准扶贫"政策提供了新路径，在大幅改善村庄环境的同时，村民资产性收入实现了零的突破。

三、文化兴村，满足村民文化需求

乡村振兴，一方面要提升基础设施水平，提高居民生活质量和经济水平，另一方面也不能忽视村民的文化需求。为了提高村民的文化水平，村子的树上都挂上了知识卡，有植物的、有动物的。村子里还有历史角，悬挂了很多历史名人的画像和资料。

同时，以村周边半径 1 公里为范围，完善配套包括卫生院、中小学在内的基础教育医疗设施，村内建成多处活动场地，丰富居民休闲文娱生活。重拾村落旧业，打造酒坊、酱园、石木竹等手工作坊，组织古风民俗活动。开展庙会活动和传统祭祀活动，展示苏州非遗文化遗产，发扬村庄五匠文化和农耕文化。

另外，村子里还建造了党建角和廉政角。一方面可以加强村官和村民的互动，及时听取村民们的诉求，另一方面是对村官们的提醒和警示，做事不忘"廉"字当头。

案例总结：今天的柳舍，不仅是"全国美丽宜居示范村"，也是农村脱贫致富奔小康的一个生动缩影，更是百姓心中可以"见山望水""留住乡愁"的美好家园。

第十四章 国内其他地区乡村振兴典型案例

第一节 宏村乡村振兴案例研究

图14-1 宏村村貌

第十四章 国内其他地区乡村振兴典型案例

案例摘要：宏村位于安徽省黟县东北部，村落面积287亩，宏村的选址、布局以及宏村的美景都和水有着直接的关系，是一座经过严谨规划的古村落。全村现保存完好的明清古民居有140余幢。宏村以美丽乡村建设为抓手，深入实施乡镇村振兴战略，不仅是在城镇化进程中建筑景观、群落保护较为完整，而且别出心裁的村落水系设计、美不胜收的山水田园，也为世人留下了广博深邃的文化底蕴，成为美丽乡村建设的典范样板。

案例内容：为了实现乡村振兴，宏村从以下几个方面采取了措施。

一、弘扬绝世精湛的宏村文化

宏村始建于北宋，距今已近千年历史，原为汪姓聚居之地。古宏村人独出机杼开"仿生学"之先河，规划并建造了堪称"中华一绝"的牛形村落和人工水系，统看全村，就像一只昂首奋蹄的大水牛，成为当今"建筑史上一大奇观"。

全村现保存完好的明清古民居有140余幢。民间故宫"承志堂"富丽堂皇，可谓皖南古民居之最。村内鳞次栉比的层楼叠院与旖旎的湖光山色交相辉映，动静相宜，空灵蕴藉，处处是景，步步入画。从村外自然环境到村内的水系、街道、建筑，甚至室内布置都完整地保存着古村落的原始状态，没有丝毫现代文明的迹象。造型独特并拥有绝妙田园风光的宏村被誉为"中国画里乡村"。

二、企业主导运营世界文化遗产

宏村的旅游开发利用经历了三个时段，先是行政型企业运营，之后交付镇里经营，但由于产权和经营权的关系没有厘清，各种矛盾纠纷一直不断，严重影响了古民居和民俗文化的保护开发。1997年9月6日，黟县政府有关官员与中坤科工贸集团在经过艰难谈判之后，最终同意共同组建"京黟旅游股份有限公司"，由此宏村旅游开发进入了成功的外来企业开发阶段。中坤集团以现金的方式逐步投入黟县，开发经营关麓、南屏、宏村景点、黟县民间古祠堂群，租赁经营并改造碧阳山庄，接管经营黟县旅行社业务。黟县以古民居旅游资源和古祠堂群建设项目土地使用权为投入，形成股份合作经营态势。1998年1月8日，即宏村村民自主经营旅游 1 年期满后,京黟旅游开发公司正式接管宏村的旅游经营事业,具体由其下属的宏村旅游开发公司负责,经营期限为 30 年。

旅游发展公司按照现代理念,在保护古民居和民俗文化的大前提下对景区开发经营,提高了服务水平,经济效益和社会效益不断得到提升。

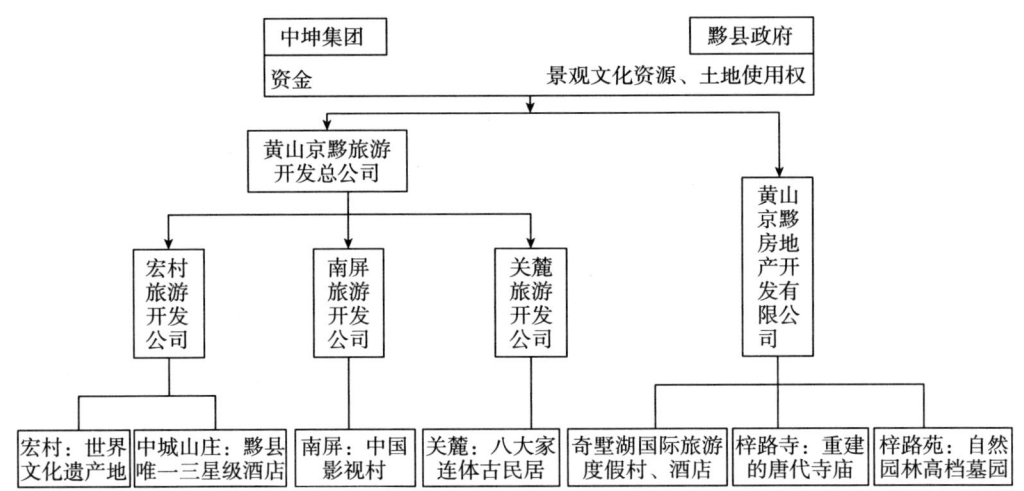

图 14-2 宏村古镇运营主体及合作方式

三、构建企业、政府、农民利益共享模式

新的运营模式,加之一系列连续有效的营销推广,一时间"牛形古镇"享誉八方,宏村也逐步走上旅游开发的成功之路。2000 年 11 月,宏村景区被列入世界文化遗产名录;2001 年、2003 年先后获评国家重点文物保护单位、国家 4A 级景区;2006 年,宏村接待游客 70 万人次,门票收入近 3000 万元,位列安徽全省第四;2007 年,景区为宏村村民人均创收 2000 余元,带给黟县的财政贡献达到 1500 万元。

在推动黟县经济发展、提高村民收入水平的同时,宏村的成功也直接促进了中坤在黟县的旅游与地产扩张开发。如今,以宏村为核心,以周边的中国电影村——南屏、八大家连体古民居——关麓，两大古村落为重要景点，加上黟县唯一的三星级酒店——中城山庄、徽派风格奇墅湖国际度假村、重建的唐代古寺——梓路寺，构成了中坤集团黄山的徽派古村落休闲度假体系。该体系以约2亿元的年整体营业收入（2008年）成为中坤最主要的收益来源之一。可以说，中坤主导的宏村旅游开发实现了政府、企业、村民三方利益的共赢。

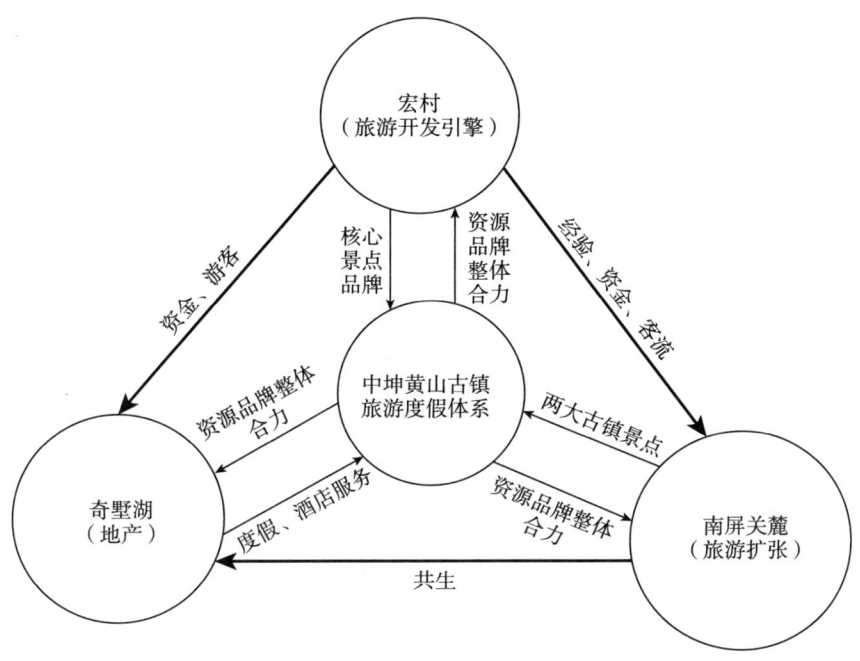

图14-3 中坤黄山复合运营系统

案例总结：近年来，标准化在提升乡村城镇化效率和质量的同时，也带来了城镇和乡村"千城一面"同质化的问题，更为严重的是乡村、乡土文化受到一定程度的破坏，而宏村通过旅游方式对传统村落和文化在继承中弘扬，在保护中开发，在开发中保护，实现了可持续发展。总结其经验主要体现在以下四点：突出民俗文化这个灵魂、抓住农民增收这个根本、强化现代经营这个方法、贯穿"保""开"融合这根红线。

第二节 白石屋村乡村振兴案例研究

案例摘要：白石屋村于山东省临沂市沂蒙山区的费县马头崖乡，是个风光优美的小山村。1953年，在这个隐蔽而幽静的环境中，年轻的抗大文工团团员创作了旷世绝唱《沂蒙山小调》。白石屋村生态环境极好，纯净天然，野气十足，盛产板栗，经过后多年的保护和开发，先后获得了"中国板栗之乡""全国造林绿化百佳乡"的美称，人民生活也逐步富裕起来。

图14-4　白石屋村村貌

案例内容：白石屋村的旅游价值已经得到旅游专家的充分肯定和各级党委、政府的高度重视。市里已将其列入蒙山旅游开发总体规划，县乡积极组织力量，修通了从塔山森林公园到白石屋的旅游路，使白石屋与被旅游专家誉为"天下一绝"的沂蒙石林、指动石，风光优美的塔山森林公园、望海楼，还有记载着山东

第十四章 国内其他地区乡村振兴典型案例

抗战史上最为悲壮一幕的大青山突围战纪念地等连成了一条集奇特景观、生态旅游、革命传统教育旅游于一体的旅游线。随着当地旅游业的兴起，昔日寂静的白石屋正一天天热闹起来。为了实现乡村振兴，白石屋村从以下几个方面采取了措施。

一、利用《沂蒙山小调》，打造沂蒙主题院落

《沂蒙山小调》全国知名，具备全国品牌影响力，具有向国际发展的潜质。景区主打口号为"沂蒙山小调诞生的地方"，因此，《沂蒙山小调》诞生地——白石屋村是规划的重中之重。沂蒙山银座天蒙旅游区依托《沂蒙山小调》诞生地，以恢复1940年抗大一分校文工团在此生活时期的村落场景为核心，建成了沂蒙山小调活态博物馆。打造了"沂蒙人家""沂蒙物产""沂蒙风俗""沂蒙声音""沂蒙美食""沂蒙历史""沂蒙精神""沂蒙山小调诞生记"八个沂蒙主题院落。

二、科学管理景区，合理规划

《沂蒙山小调片区》即以《沂蒙山小调》诞生地为核心的用地，包括北入口服务区和沂蒙山小调活态博物馆两大主要部分。沂蒙山小调片区位于二天蒙山脊之南，石岚水库以北，自平缓地段到山区的缓坡过渡区。南北最长约860米，东西约2500米，规划面积约1989亩。

沂蒙山小调民俗活态博物馆根据地理形态及建筑、道路布局分为入口景观、沂蒙山小调广场、民俗博物馆、生态餐饮、民俗客栈、商业街、登山入口广场七个分区。其中主要区域民俗博物馆区是对当地民俗、文化、生活等的集中展示，生态餐厅中集聚了地方私房菜及特色餐饮、滨水餐厅等。在景区入口打造"红飘带主题雕塑"景观，鲜明的红色旅游文化主题带给游客强烈的视觉冲击。为了提升当地居民参与性，促进地方综合效益的实现，在红色文化及山水体验区打造以红色文化和蒙山地区民俗文化为核心内涵的民俗休闲街区。民俗街区由新中式北方合院风格为主，结合当地的石屋建筑风格，其中沿街设置餐馆、茶座、民宿、

游乐景点、景观节点等,为游客提供食、住、娱、购等服务,在方便游客购买旅游产品的同时,还能带动当地经济的发展。

三、建设活态博物馆,保护文化遗产

沂蒙山小调旅游区虽然拥有丰富的文化资源,但现实载体却相对缺乏。为了更好地保护这些文化遗产,基于白石屋村现有的历史和文化资源对其进行改造,打造成为一座融合音乐文化、民俗文化、红色文化、生态文化等多种文化元素于一体的小调活态博物馆。除了传统的文化展示、爱国主义教育等功能,更融入民俗体验、娱乐、购物、主题表演等多种元素,强调游客的参与体验,增强当地村民与游客间的互动。

案例总结:产业振兴是乡村振兴的重点,需要因地制宜地发展各地的产业。农村的产业不应该全部是卖地、建厂、卖地,而应该是基于农业、发展农业。白石屋村通过《沂蒙山小调》,发展旅游业,实现了乡村振兴。

第三节 台湾桃米村乡村振兴案例研究

案例摘要:1999 年,中国台湾地区发生"9·21"大地震,造成 2400 多人死亡、多人受伤,是台湾地区百年来最严重的地震。距震中 20 多公里的桃米里被震出一个"桃米坑"——369 户人家,有 168 户全倒,60 户半倒。经过十余年建设,桃米生态村已从一个环境杂乱、发展无力的边缘社区,转型成为一个融合有机农业、生态保育、文化创意等于一体的乡土生态建设典范。周末和节假日,桃米生态村日接待游客达 1500 人次,平时每天接待游客也在 500 人次左右,每年仅门票收入就有 200 多万元人民币。

案例内容:为了实现乡村振兴,桃米村从以下几个方面采取了措施。

一、树立"生态为体"的思想

在灾后重建中,桃米村在政府、学界、社会组织及小区居民的努力下,以建设"生态桃米村"为方向,不仅在废墟上重建家园,而且借此机会彻底"大翻身"。

桃米村把清理坑溪作为重建行动的起跑点。新故乡文教基金会面向村民开设了系列生态课程,培养了许多"生态讲解员",介绍青蛙的保育知识。通过各种培训课、培训班,村民们慢慢转变观念、接受新思想,开始了解当地的生态资产和经济价值,自觉加入到重塑家乡的队伍里。村民开始动手,用纸、用布、用石头等乡村材料,制作手工艺品,很快使桃米村从一个地震废墟变成一个昆虫生态文化体验休闲区。

二、产业为用,构建"青蛙共和国"

桃米村蕴藏着丰富的生态资源,台湾原生29种青蛙,桃米村拥有23种。桃米生态村提炼的新文化符号是"青蛙共和国"。在桃米村,处处可以看到青蛙雕塑和图案,还有湿地公园,以及一家家民宿院落里的生态池——为青蛙营造生态家园。在当地政府帮助下,桃米村民挖掘资源潜力,把青蛙设计成各种可爱的卡通形象,遍布乡村醒目位置。比名,男女卫生间命名为"公蛙"和"母蛙"。另外,2014年,桃米村拍摄电影《桃蛙源记》,采用3D立体动画技术,以桃米村作为原型,讲述青蛙家族寻找桃花源的过程,加强了桃米村对外宣传的力度,提高了知名度。

桃米村的产业从青蛙观光、生态、旅游,走向了影视、媒体,不断拓宽和延伸产业链。游客们可以3月来看青蛙,4月看萤火虫,5月看油桐花,6月欣赏独角仙,在8~9月的暑假期间,桃米村还是小朋友们的生态课堂,白天在湿地看水生动植物,夜间抓蛙看蛇。

三、重塑社区精神

"纸教堂"是桃米村社区重建中的一个关键性项目,它是台湾第一座纸建筑,也是第一座来自海外的建筑,灵感来自巴洛克时代的建筑师贝尔尼尼。它由日本神阪大地震后鹰取社区的临时性教堂加以引进并升华,落户于桃米村。这个教堂既象征桃米村要递接日本神阪大地震后鹰取社区重建坚贞而博爱的精神信仰,又是一个在村中体现社区精神和生态文明信仰的诠释中心,以及开展其他重要活动的社区生活中心。

围绕纸教堂,还设立了生态村的生态文化见学园区。当地村民与游客除了在此观景、参与活动,还可以交流、购物与食宿,这其实就是个经过升华的整个生态村的社区中心和游客中心。

案例总结:除了科技产业,乡村旅游业、现代农业以及生态康养产业都是乡村产业振兴的突破方向。生态产业已经成为桃米生态村的主要产业,村里1/5的村民都在经营生态产业,而其他村民经营的传统农业也因为生态旅游的带动而升值。现在,桃米村还向外输出自己的生态产业和生态文化,帮助别的地方发展生态产业。

参考文献

[1] 张军. 乡村价值定位与乡村振兴 [J]. 中国农村经济, 2018 (1): 2-10.

[2] 黄祖辉. 准确把握中国乡村振兴战略 [J]. 中国农村经济, 2018 (4).

[3] 杨希. 日本乡村振兴中价值观层面的突破: 以能登里山里海地区为例 [J]. 国际城市规划, 2016, 31 (5): 115-120.

[4] 王景新, 支晓娟. 中国乡村振兴及其地域空间重构——特色小镇与美丽乡村同建振兴乡村的案例、经验及未来 [J]. 南京农业大学学报（社会科学版）, 2018 (2).

[5] 刘合光. 乡村振兴战略的关键点、发展路径与风险规避 [J]. 新疆师范大学学报（哲学社会科学版）, 2018 (3).

[6] 陈美球, 廖彩荣, 刘桃菊. 乡村振兴、集体经济组织与土地使用制度创新——基于江西黄溪村的实践分析 [J]. 南京农业大学学报（社会科学版）, 2018 (2).

[7] 张强, 张怀超, 刘占芳. 乡村振兴: 从衰落走向复兴的战略选择 [J]. 经济与管理, 2018 (1): 6-11.

[8] 廖彩荣, 陈美球. 乡村振兴战略的理论逻辑、科学内涵与实现路径 [J]. 农林经济管理学报, 2017, 16 (6): 795-802.

[9] 王亚华, 苏毅清. 乡村振兴——中国农村发展新战略 [J]. 中央社会主义学院学报, 2017 (6): 49-55.

[10] 郭晓鸣, 张克俊, 虞洪, 等. 实施乡村振兴战略的系统认识与道路选择

[J]. 农村经济, 2018（1）：11-20.

[11] 姜长云. 实施乡村振兴战略需努力规避几种倾向 [J]. 农业经济问题, 2018（1）：8-13.

[12] 赖章盛, 胡小玉. 以苏区精神为核心的赣南红色文化传承与开发浅议——苏区振兴发展视角 [J]. 江西理工大学学报, 2012（6）：13-16.

[13] 卢旗英. 原中央苏区振兴视野中赣南红色文化建设路径探究 [J]. 江西社会科学, 2012（8）：207-210.

[14] 黄仪荣, 韩高峰, 黄敏. 苏区振兴背景下赣南欠发达地区的规划策略 [J]. 规划师, 2014（10）：78-83.

[15] 程宇航. 全面小康：赣南等原中央苏区的差距与振兴对策 [J]. 中国井冈山干部学院学报, 2012, 5（4）：105-111.

[16] 邱小云, 彭迪云. 原中央苏区振兴发展定位对产业转移意愿的影响研究——以赣南为例 [J]. 学术论坛, 2014, 37（4）：48-53.

[17] 高小琼. 金融支持赣南苏区振兴发展的思考与对策 [J]. 金融与经济, 2012（11）：9-13.

[18] 黄小勇. 赣南等原中央苏区振兴发展的财税政策研究 [J]. 江西师范大学学报（哲学社会科学版）, 2012, 45（5）：86-91.

[19] 孟丽. 苏区精神在赣南振兴中的现实价值研究 [D]. 江西理工大学, 2015.

[20] 魏后凯. 如何走好新时代乡村振兴之路 [J]. 理论参考, 2018（4）.

[21] 叶兴庆. 新时代中国乡村振兴战略论纲 [J]. 改革, 2018（1）：65-73.

[22] 张丙宣, 华逸婕. 激励结构、内生能力与乡村振兴 [J]. 浙江社会科学, 2018（5）.

[23] 刘合光. 激活参与主体积极性，大力实施乡村振兴战略 [J]. 农业经济问题, 2018（1）：14-20.

[24] 廖军华. 乡村振兴视域的传统村落保护与开发 [J]. 改革, 2018（4）.

[25] 陈龙. 新时代中国特色乡村振兴战略探究 [J]. 西北农林科技大学学报（社会科学版）, 2018（3）.

[26] 刘晓雪. 新时代乡村振兴战略的新要求——2018年中央一号文件解读

[J].毛泽东邓小平理论研究,2018(3).

[27]索晓霞.乡村振兴战略下的乡土文化价值再认识[J].贵州社会科学,2018(1):4-10.

[28]熊小林.聚焦乡村振兴战略 探究农业农村现代化方略——"乡村振兴战略研讨会"会议综述[J].中国农村经济,2018(1):138-143.

[29]唐安来,翁贞林,吴登飞,等.乡村振兴战略与农业供给侧结构性改革——基于江西的分析[J].农林经济管理学报,2017,16(6):803-808.

[30]谢云峰.普惠金融服务江西乡村振兴的着力点[J].江西农业,2018(5).

[31]程晖,陈勋洪,赵隽劼,等.乡村振兴战略背景下现代农业转型升级新路径——基于江西的分析[J].农林经济管理学报,2018(2).

[32]赵晓丽.乡村振兴战略下乡土文化品牌建设分析——以江西新余为例[J].老区建设,2018(2).

[33]郑瑞强,翁贞林,黄季焜.乡村振兴战略:城乡融合、要素配置与制度安排——"新时代实施乡村振兴战略与深入推进农业供给侧结构性改革"高峰论坛综述[J].农林经济管理学报,2018(1):1-6.

[34]胡汉平.牢固树立新理念 坚持农业农村优先发展 努力走出具有江西特色的乡村振兴之路[J].江西农业,2018(3).

[35]邓燕萍.乡村振兴战略视域下江西特色小镇建设研究[J].中国商论,2018(25):150-151.

[36]邱信丰.乡村振兴背景下江西绿色农产品质量安全追溯体系问题研究[J].鄱阳湖学刊,2018(5):44-51+125-126.

[37]叶敬忠,张明皓,豆书龙.乡村振兴:谁在谈,谈什么?[J].中国农业大学学报(社会科学版),2018(3).

[38]刘奇.走出一条具有江西特色的乡村振兴之路[N].人民日报,2018-06-20(10).

[39]龚建文.奋力开启江西乡村振兴新征程[N].江西日报,2017-12-04(B03).

[40]刘勇,宋海峰,环宇.乡村振兴之路的江西特色[J].今日中国,

2018,67(8):86-88.

[41] 郭金丰.乡村振兴战略下的农村土地流转:市场特征、利益动因与制度改进——以江西为例[J].求实,2018(3).

[42] 费利群,张耕.乡村振兴与区域政策评析[J].河南社会科学,2018(6).